A voz interior do amor

Dados Internacionais de Catalogação na Publicação (CIP)
(Câmara Brasileira do Livro, SP, Brasil)

Nouwen, Henri
   A voz interior do amor : uma viagem que parte da angústia rumo à liberdade / Henri Nouwen ; tradução de Luis Gonzaga Fragoso. – Petrópolis, RJ : Vozes, 2021.

   Título original: The inner voice of love
   ISBN 978-65-5713-126-8

   1. Ansiedade – Aspectos religiosos – Cristianismo 2. Igreja Católica – Clero – Diários 3. Nouwen, Henri J. M. – Diários 4. Sofrimento (Psicologia) 5. Vida espiritual – Cristianismo I. Título.

21-62701   CDD-282.092

Índices para catálogo sistemático:
1. Padres católicos : Biografia e obra   282.092

Cibele Maria Dias – Bibliotecária – CRB-8/9427

Henri Nouwen

A voz interior do amor

Uma viagem que parte da ANGÚSTIA rumo à LIBERDADE

Tradução de Luis Gonzaga Fragoso

EDITORA VOZES

Petrópolis

© 1996 by The Estate of Henri J. M. Nouwen

Esta tradução foi publicada mediante acordo com Image, um selo da Random House, uma divisão da Penguin Random House LLC.

Tradução realizada a partir do original em inglês intitulado
The Inner Voice of Love. A Journey Through Anguish to Freedom

Direitos de publicação em língua portuguesa – Brasil:
2021, Editora Vozes Ltda.
Rua Frei Luís, 100
25689-900 Petrópolis, RJ
www.vozes.com.br
Brasil

Todos os direitos reservados. Nenhuma parte desta obra poderá ser reproduzida ou transmitida por qualquer forma e/ou quaisquer meios (eletrônico ou mecânico, incluindo fotocópia e gravação) ou arquivada em qualquer sistema ou banco de dados sem permissão escrita da editora.

CONSELHO EDITORIAL

Diretor
Gilberto Gonçalves Garcia

Editores
Aline dos Santos Carneiro
Edrian Josué Pasini
Marilac Loraine Oleniki
Welder Lancieri Marchini

Conselheiros
Francisco Morás
Ludovico Garmus
Teobaldo Heidemann
Volney J. Berkenbrock

Secretário executivo
João Batista Kreuch

Diagramação: Sheilandre Desenv. Gráfico
Revisão gráfica: Alessandra Karl
Capa: Ygor Moretti

ISBN 978-65-5713-126-8 (Brasil)
ISBN 0-385-48348-1 (Estados Unidos)

Editado conforme o novo acordo ortográfico.

Este livro foi composto e impresso pela Editora Vozes Ltda.

Para Wendy e Jay Greer

Sumário

Agradecimentos, 11
Introdução, 13
Uma sugestão ao leitor, 19
Contorne o seu abismo, 20
Mantenha-se fiel à promessa, 21
Pare de querer agradar os outros, 22
Confie em sua voz interior, 23
Faça um apelo interno, 24
Retorne sempre para o lugar sólido, 25
Estabeleça limites para o seu amor, 26
Doe sem esperar retribuição, 28
Volte para casa, 29
Entenda as limitações das pessoas, 30
Confie no lugar da unidade, 31
Fique atento às suas intuições mais finas, 33
Traga seu corpo para casa, 36
Entre no novo território, 38
Continue vivendo onde Deus está, 40
Confie em seus guias espirituais, 42

Entre no lugar de sua dor, 44

Abra-se para o primeiro amor, 46

Reconheça a sua fraqueza, 48

Busque uma nova espiritualidade, 50

Conte sua história em liberdade, 53

Encontre a origem da sua solidão, 55

Continue retornando à estrada rumo à liberdade, 57

Permita que Jesus o transforme, 59

Torne-se amigo das suas emoções, 61

Siga o seu chamado mais profundo, 63

Mantenha-se ancorado em sua comunidade, 65

Permaneça com sua dor, 67

Viva pacientemente com o "ainda não", 69

Siga caminhando rumo à plena encarnação, 71

Olhe para si mesmo de modo verdadeiro, 73

Receba todo o amor que chega até você, 75

Mantenha-se unido ao corpo maior, 77

Ame de maneira profunda, 79

Mantenha-se de cabeça erguida em seu sofrimento, 81

Permita que o profundo se comunique com o profundo, 83

Permita-se ser plenamente aceito, 85

Reconheça sua presença singular na comunidade, 87

Aceite sua identidade de Filho de Deus, 90

Assuma a responsabilidade pela sua dor, 92

Conheça a si mesmo como uma pessoa verdadeiramente amada, 94

Proteja sua inocência, 96

Permita que seu leão deite-se ao lado de seu cordeiro, 98

Seja um amigo verdadeiro, 100

Confie em seus amigos, 102

Controle sua própria ponte levadiça, 104

Evite todas as formas de autorrejeição, 106

Carregue sua própria cruz, 108

Mantenha a confiança no chamado de Deus, 110

Chame para si a vitória, 112

Enfrente o inimigo, 114

Continue em busca da comunhão, 116

Faça a distinção entre as dores falsas e a dor verdadeira, 118

Diga repetidas vezes: "Senhor, tenha piedade", 120

Permita que Deus fale através de você, 121

Saiba que você é bem-vindo, 123

Deixe que *sua* dor torne-se *a* dor, 125

Entregue seus planos a Deus, 127

Permita que os outros o ajudem a morrer, 129

Viva intensamente as suas feridas, 131

Por enquanto, esconda o seu tesouro, 133

Continue escolhendo Deus, 135

Conclusão, 139

Agradecimentos

Connie Ellis foi a primeira pessoa a digitar os manuscritos deste livro, e Conrad Wieczorek foi o primeiro a editá-lo. Ambos já faleceram. Lembro-me deles com muito afeto e gratidão.

Kathy Christie, minha secretária, e Susan Brown, minha editora, empenharam-se muito para deixar este texto pronto para a publicação. Sou grato a ambas por seu trabalho carinhoso e competente.

Devo registrar especial gratidão à minha amiga Wendy Greer, que nos últimos três anos me estimulou a superar minha hesitação em publicar este livro, e me deu várias sugestões de mudanças e correções. O generoso apoio financeiro de Wendy e seu marido, Jay, e de seus inúmeros amigos, foi grande fonte de inspiração para mim.

Também quero agradecer a Alice Allen e Ed Goebels por terem me ajudado com todo o trâmite contratual necessário para esta publicação.

Por fim, sou muito grato a Bill Barry e Trace Murphy da Doubleday, pelas visitas que me fizeram na Comunidade Daybreak, por seu permanente interesse em meus textos, especialmente neste livro, e por sua flexibilidade e paciência ao longo da preparação do manuscrito final.

Introdução

Este livro é meu diário secreto. Ele foi escrito no período mais difícil de minha vida, entre dezembro de 1987 e junho de 1988. Foi uma época de extrema aflição, durante a qual eu me perguntava se seria capaz de continuar vivendo. Tudo começou a desabar: minha autoestima, minha energia para viver e trabalhar, minha percepção de ser amado pelos outros, minhas esperanças de ser curado, minha confiança em Deus... tudo. Ali estava eu – um autor de livros de espiritualidade, tido como alguém que ama a Deus e traz esperança às pessoas –, prostrado, em completa escuridão.

O que havia acontecido? Eu estava diante do meu próprio vazio. Era como se tudo que dava sentido à minha vida tivesse sido arrancado de mim, e eu não pudesse ver mais nada diante de mim além de um abismo sem fundo.

O estranho é que isso aconteceu logo depois de eu ter encontrado minha verdadeira casa. Tendo vivido muitos anos no meio universitário, um ambiente em que jamais me senti completamente à vontade, eu me tornara membro da L'Arche, uma comunidade de homens e mulheres com deficiências mentais. Nela, fui recebido de braços abertos, tive toda a atenção e carinho que poderia desejar, num lugar seguro e pleno de afeto, que me permitia crescer espiritual e emocionalmente. Tudo me parecia ideal. Porém, justamente naquele momento eu desmoronei – é como se eu precisasse de um lugar seguro para poder chegar ao fundo do poço!

Bem no momento em que todos ao meu redor me garantiam que me amavam, que se preocupavam comigo e me valorizavam – e até mesmo me admiravam –, passei a me considerar uma pessoa inútil, carente de amor e desprezível. Justo no momento em que eles me acolhiam em seus braços, me deparei com a infinita profundeza da minha infelicidade humana, e senti que não havia nada que fizesse a vida valer a pena. Num momento em que já havia encontrado um lar, tive a absoluta sensação de não ter um teto. Era um momento em que eu era elogiado por meus *insights* espirituais, mas me senti totalmente desprovido de fé. Num momento em que as pessoas me agradeciam por trazê-las para mais perto de Deus, senti que Deus me abandonara. É como se a casa que eu finalmente encontrara não tivesse chão. A angústia me deixou completamente paralisado. Eu não conseguia mais dormir. Chorava de modo incontrolável, durante horas. Qualquer tentativa de me consolar por meio de palavras era inútil. Eu não tinha mais nenhum interesse pelos problemas alheios. Havia perdido completamente o apetite, e não conseguia apreciar a beleza da música, a arte, ou até mesmo a natureza. Tudo agora era escuridão. Dentro de mim, eu ouvia um longo grito, vindo de um lugar cuja existência eu ignorava, um lugar cheio de demônios.

Tudo aquilo havia sido provocado pela repentina interrupção de uma amizade. Por conviver com pessoas em estado de grande vulnerabilidade na L'Arche, aos poucos eu estava abrindo mão de minhas defesas internas, e abrindo meu coração aos outros de um modo mais pleno. Dentre meus vários amigos, um deles conseguiu me comover de uma maneira que jamais tinha acontecido antes. Nossa amizade me deu mais autoconfiança para que eu me permitisse ser amado e que cuidassem de mim. Foi uma experiência totalmente nova, que me trouxe uma imensa alegria e paz. Parecia que uma porta de minha vida interior havia sido aberta, uma porta que estivera trancada durante minha juventude e grande parte de minha vida adulta.

Porém, esta amizade que me dava uma profunda satisfação se transformou no caminho que dava acesso à minha angústia, pois logo descobri que o enorme espaço que havia sido aberto para mim não poderia ser preenchido pela pessoa que o abrira. Tornei-me uma pessoa possessiva, carente e dependente, e quando, por fim, nossa amizade teve de ser interrompida, eu desabei. Senti-me abandonado, rejeitado e traído. Os dois extremos realmente se encontraram.

No plano intelectual, eu sabia que nenhuma amizade humana seria capaz de atender ao anseio mais profundo de meu coração. Eu sabia que somente Deus poderia me dar o que eu desejava. Sabia que havia sido colocado numa estrada na qual ninguém, além de Jesus, poderia me acompanhar. Porém, estar ciente disso tudo não aliviou a minha dor.

Logo me dei conta de que seria impossível superar esta angústia que me enfraquecia mental e espiritualmente se não abandonasse minha comunidade e me entregasse às pessoas que poderiam me conduzir a uma nova liberdade. Por meio de uma graça única, encontrei o lugar e as pessoas que poderiam me dar a atenção psicológica e espiritual de que eu necessitava. Durante os seis meses seguintes, a agonia que senti me pareceu interminável. Porém, os dois guias encarregados de me acompanhar não me deixaram sozinho, e com delicadeza me conduziam dia após dia, me apoiando tal como os pais apoiam um filho ferido.

Fiquei surpreso em perceber que minha capacidade de escrever jamais me abandonou. Na verdade, a escrita tornou-se parte de minha luta pela sobrevivência. Ela me permitiu manter uma pequena distância de mim mesmo, algo de que eu precisava para não me afundar no desespero. Praticamente todos os dias, em geral logo depois de encontrar-me com meus guias, eu escrevia um "imperativo espiritual" – uma ordem dada a mim mesmo, que surgira a partir de meu encontro com eles. Tais imperativos tinham como destino o meu próprio coração. Não se destinavam a ninguém mais, além de mim mesmo.

Nas primeiras semanas, a impressão que tive é que minha angústia só piorou. Velhas feridas que até então estavam escondidas para mim se abriram, e terríveis experiências de infância me foram trazidas à consciência. A interrupção desta amizade me forçou a penetrar os porões de minha alma, a olhar diretamente para o que estava oculto ali, e a escolher, diante de tudo aquilo, a vida em vez da morte. Graças a meus atenciosos e afetuosos guias, consegui, dia após dia, dar pequenos passos na direção da vida. Teria sido fácil me tornar uma pessoa amargurada, ressentida, deprimida e com tendências suicidas. O fato de isso não ter acontecido é o resultado das batalhas que relato neste livro.

Quando voltei para minha comunidade, bastante apreensivo, reli tudo que eu escrevera em meus tempos de "exílio". Aquele conteúdo me pareceu tão intenso e rústico que jamais poderia imaginar que pudesse interessar a outra pessoa além de mim. Muito embora Bill Barry, amigo e editor na Doubleday, tivesse a forte sensação de que o relato de minhas batalhas pessoais poderia ser muito útil a muitas pessoas, eu estava próximo demais daquele material para poder admitir isso. Preferi começar a trabalhar num livro sobre o quadro "O retorno do filho pródigo", de Rembrandt, e neste trabalho encontrei um lugar seguro para alguns dos *insights* que tive durante minhas batalhas.

Porém, oito anos mais tarde, estimulado por minha amiga Wendy Greer, reli meu diário secreto, e pude então olhar em retrospecto para aquele período da minha vida, e enxergá-lo como uma fase de intensa purificação, que gradualmente me conduziu a uma nova liberdade interior, uma nova esperança e uma nova criatividade. Os "imperativos espirituais" que eu havia escrito agora me pareciam ser um conteúdo menos íntimo, que poderia até mesmo ter algum valor para as pessoas. Wendy e vários outros amigos meus me deram o estímulo para que não deixasse de compartilhar esta experiência dolorosa com aqueles que me conheceram por meio de meus vários livros sobre a vida espiritual. Eles me lembraram que os livros que eu escrevera desde o início de meu período de angústias não poderiam ter sido escritos sem a experiência adquirida naquele período. Eles me perguntaram: "Por que deixar de compartilhar este material com as pessoas que se nutriram com os seus *insights* espirituais? Não é importante que seus amigos próximos e distantes saibam do alto preço que você pagou por estes *insights*? Tais *insights* não seriam para eles uma fonte de consolo para compreender que luz e escuridão, esperança e desespero, amor e medo nunca estão longe um do outro, e que a liberdade espiritual costuma demandar uma intensa batalha espiritual?

Estas perguntas me convenceram a entregar este manuscrito a Bill Barry, e disponibilizá-lo neste livro. Espero e oro para que eu tenha feito a coisa certa.

Uma sugestão ao leitor

Não leia muitos destes imperativos espirituais de uma vez só! Eles foram escritos durante um longo período, e também devem ser lidos desta maneira. Tampouco devem ser lidos na ordem em que aparecem. O sumário deste livro lhe dá uma ideia de quais páginas podem ser mais úteis a você. Estes imperativos espirituais têm a intenção de funcionar como sal na refeição de sua vida. O excesso de sal pode estragá-la, mas um pouquinho por vez pode torná-la saborosa!

Contorne o seu abismo

Existe um grande buraco em seu ser, como se fosse um abismo. Você jamais conseguirá preencher este buraco, pois as suas necessidades são inesgotáveis. Você terá de contornar este abismo, para que, pouco a pouco, ele se feche.

Como este buraco é enorme, e sua angústia, tão profunda, você sempre se sentirá tentado a fugir deste buraco. Você deverá evitar dois extremos: estar totalmente absorvido pela sua dor, e ficar distraído por muitas coisas e acabar ficando longe da ferida que deseja curar.

Mantenha-se fiel à promessa

Não conte sua história a ninguém. Você acabará se sentindo ainda mais rejeitado. As pessoas não poderão lhe dar o que o seu coração anseia. Quanto maior a sua expectativa de que as pessoas reajam à sua experiência de abandono, mais exposto ao ridículo você estará.

Você deve fechar-se ao mundo exterior de modo que possa entrar em seu próprio coração e no coração de Deus através de sua dor. Deus lhe enviará as pessoas com as quais você poderá compartilhar sua angústia, e que poderão conduzi-lo para mais perto da verdadeira fonte de amor.

Deus é fiel às promessas de Deus. Antes de morrer, você encontrará a aceitação e o amor que tanto deseja. Eles não surgirão da maneira que você espera. Não atenderão às suas necessidades e desejos. Mas vão preencher seu coração e satisfazer o seu desejo mais profundo. Não há nada a que você deva se apegar, além desta promessa. Todo o resto já foi tirado de você. Mantenha-se fiel a esta promessa nua e crua. Sua fé vai curá-lo.

Pare de querer agradar os outros

Você precisa se libertar do seu pai e da figura paterna. Deve parar de enxergar a si mesmo através dos olhos dele e de tentar fazê-lo sentir-se orgulhoso de você.

Pois, até onde sua memória alcança, você tem buscado agradar os outros, e dependendo deles para ter uma identidade. Você não precisa olhar para isso de um modo negativo. Você quis dar seu coração a eles, e fez isso de modo rápido e fácil. Mas agora é preciso que se liberte de todos estes acessórios que você mesmo criou, e confie que Deus é o suficiente para você. Deve parar de querer agradar os outros e reivindicar sua identidade na condição de um *self* livre.

Confie em sua voz interior

Você realmente quer ser convertido? Está disposto a ser transformado? Ou segue com uma mão agarrada a seu velho estilo de vida, enquanto implora, com a outra mão, para que as pessoas o ajudem a mudar?

Claro que a conversão não é algo que você mesmo possa fazer acontecer. Não é uma questão de força de vontade. Você precisa confiar que a voz interior lhe mostrará o caminho. Você *conhece* esta voz interior. Já recorre a ela com frequência. Porém, depois de ouvir claramente o que lhe é pedido, você começa a fazer perguntas, a apresentar objeções, a pedir a opinião dos outros. Assim, acaba ficando enredado em inúmeros – e muitas vezes contraditórios – pensamentos, sentimentos e ideias, e perde contato com o Deus que está dentro de você. E acaba ficando dependente de todas as pessoas que reuniu ao seu redor.

É somente quando dá ouvidos à sua voz interior que você pode ser convertido a uma nova vida de liberdade e alegria.

Faça um apelo interno

Dentro de você, ocorreu uma separação entre a essência divina e a humana. Por meio do seu centro, que é revestido pelo divino, você pode conhecer a vontade de Deus, os caminhos de Deus, o amor de Deus. Porém, a sua essência humana está desconectada disso tudo. Suas diversas necessidades humanas, de afeto, atenção e consolação, vivem separadas do seu espaço divino e sagrado. Você está sendo chamado a permitir que estas duas partes do seu ser voltem a se juntar.

Você precisa passar, aos poucos, de um apelo externo – um clamor às pessoas que você acredita serem capazes de satisfazer seus desejos – a um apelo interno, no lugar onde você pode se permitir ser acolhido e carregado por Deus, que se encarnou na essência humana daqueles que o amam na comunidade. Ninguém será capaz de satisfazer os seus desejos. Mas a comunidade pode realmente acolher você. Ela pode lhe permitir a experiência de constatar que, além da sua angústia, existem mãos humanas que o acolhem e lhe mostram o fiel amor de Deus.

Retorne sempre para o lugar sólido

Você deve acreditar no "sim" que surge como resposta à sua pergunta: "Você me ama?". Você deve *escolher* este sim, mesmo que não esteja vivendo esta experiência.

Você sente um acúmulo de distrações, fantasias, e o inquietante desejo de se render ao mundo dos prazeres. Mas já sabe que não vai encontrar nele a resposta para sua questão mais profunda. Tampouco encontrará esta resposta ao requentar antigos acontecimentos, ou na culpa ou na vergonha. Tudo isso faz com que você se desgaste, e abandone a rocha sobre a qual sua casa está construída.

Você deve confiar no lugar que é sólido, o lugar que lhe permite dizer "sim" ao amor de Deus mesmo quando não estiver sentindo isso. Neste exato momento, tudo o que você sente é um vazio e a falta de energia para poder escolher. Porém, continue afirmando: "Deus me ama, e o amor de Deus é suficiente". Você precisa escolher o lugar sólido inúmeras vezes, e voltar a ele sempre que fracassar.

Estabeleça limites para o seu amor

Quando uma pessoa lhe mostra os limites dela ("Não posso fazer isso por você"), você se sente rejeitado. Não consegue aceitar o fato de que ela não pode fazer tudo o que você espera dela. Você deseja um amor ilimitado, que lhe dediquem um cuidado ilimitado, uma doação ilimitada.

Parte de suas batalhas consiste em estabelecer limites para o seu próprio amor – algo que você nunca fez. Você dá as pessoas tudo o que elas lhe pedem, e quando elas lhe pedem mais, você lhes dá mais, até que se sente exausto, usado e manipulado. Somente quando for capaz de estabelecer seus próprios limites, você será capaz de reconhecer, respeitar e até mesmo sentir gratidão pelos limites das pessoas.

Na presença das pessoas que você ama, suas necessidades crescem cada vez mais, até que elas começam a sentir sobrecarregadas pelas suas necessidades, a ponto de praticamente serem forçadas a abandoná-lo, para poderem sobreviver.

A grande tarefa é reivindicar a si mesmo, de modo a manter suas necessidades dentro dos seus próprios limites, e mantê-las sob controle quando estiver diante das pessoas que você ama. A verdadeira reciprocidade no amor exige que as pessoas tomem posse de si mesmas e que sejam capazes de doar às outras, ao mesmo tempo em que mantêm sua própria identidade. Assim, para poder doar de modo mais eficaz, e ser mais autossuficiente em relação às suas próprias necessidades, você deve aprender a estabelecer limites para o seu amor.

Doe sem esperar retribuição

Contanto que venha de Deus, o seu amor é permanente. Você pode reivindicar a permanência do seu amor como um presente de Deus. E pode dar este amor permanente aos outros. Quando as outras pessoas deixam de amar você, você não precisa deixar de amá-las. No plano humano, mudanças talvez sejam necessárias, mas no plano divino você pode continuar fiel ao seu amor.

Um dia você estará livre para dar amor de modo incondicional, um amor que não pede nada em troca. Um dia você também estará livre para receber o amor incondicional. Muitas vezes, o amor lhe é oferecido, mas você não reconhece isso. Desconsidera este amor pois mantém a ideia fixa de que deve recebê-lo da mesma pessoa a quem você deu.

O grande paradoxo do amor é que justamente quando você reivindica sua condição de filho amado de Deus, quando estabelece limites para seu amor, sendo assim capaz de controlar suas necessidades, você começa a expandir sua liberdade de doar de modo incondicional.

Volte para casa

Há duas realidades às quais você deve se agarrar. Primeiro, Deus prometeu que você receberá o amor que tem buscado. Em segundo lugar, Deus é fiel a esta promessa.

Portanto, pare de vagar sem rumo. Volte para casa e confie que Deus lhe dará aquilo de que você precisa. Ao longo de toda sua vida, você tem corrido em busca do amor que anseia. Chegou a hora de parar com esta busca. Confie que Deus lhe dará este amor que preenche todos os desejos, e que ele lhe será dado de um modo humano. Antes que você morra, Deus lhe dará a satisfação mais profunda que você possa desejar. Portanto, pare de correr; comece a confiar e a receber.

O lar é o lugar onde você está realmente seguro. É onde você poderá receber o que deseja. Você precisa de mãos humanas que o mantenham ali, para que não fuja novamente. Mas, quando voltar para casa e nela permanecer, você encontrará o amor que trará descanso ao seu coração.

Entenda as limitações das pessoas

Você continua a dar ouvidos àqueles que aparentemente o rejeitam. Mas nunca é sobre *você* que eles estão falando. Estão falando sobre as próprias limitações. Estão confessando a própria insuficiência diante das suas necessidades e desejos. Estão apenas lhe pedindo compaixão. Não estão dizendo que você é mau, feio ou desprezível. Só estão dizendo que você está lhes pedindo algo que eles não podem dar, e que precisam de certa distância de você, a fim de sobreviver emocionalmente. Infelizmente, você interpreta este recuo necessário como se fosse uma rejeição a você, e não como um chamado para que você volte para casa, para ali descobrir sua verdadeira condição, de um ser que é amado.

Confie no lugar da unidade

Você está sendo chamado a viver em um novo lugar, que está além de suas emoções, paixões e sentimentos. Enquanto estiver vivendo em meio a emoções, paixões e sentimentos, você continuará tendo experiências de solidão, ciúmes, raiva, ressentimento e até mesmo ira, pois estas são as reações mais óbvias ao sentimento de rejeição e de abandono.

Você precisa confiar que existe um outro lugar, aonde seus guias espirituais desejam levar você, e onde você poderá estar seguro. Talvez seja equivocado pensar que este novo lugar fica *além* das emoções, paixões e sentimentos. A palavra *além* poderá lhe dar a ideia de que ali não há estes sentimentos humanos. Em vez disso, tente pensar neste lugar como o centro do seu ser – o seu coração, onde todos os sentimentos humanos se mantêm unidos na verdade. A partir deste lugar, você pode sentir, pensar e agir de modo verdadeiro.

É perfeitamente compreensível que você tenha medo deste lugar: você sabe muito pouco sobre ele. Teve apenas vislumbres dele, já esteve ali algumas vezes, mas na maior parte da sua vida você viveu em meio a emoções, paixões e sentimentos, e no meio deles é que buscou a paz interior e a alegria.

Além disso, você ainda não reconheceu plenamente este novo lugar como o lugar onde Deus mora e o acolhe. Teme que este lugar verdadeiro seja um poço sem fundo onde você poderá perder tudo o que tem, e o que você é. Não tenha medo. Confie que o Deus da vida deseja acolher você e lhe dar a verdadeira segurança.

Você pode olhar para este local como o lugar da unificação, onde você pode se tornar uno. Neste exato momento, você está vivendo uma dualidade interna: suas emoções, paixões e sentimentos parecem estar separados do seu coração. As necessidades do seu corpo parecem separadas do seu *self* profundo. Seus pensamentos e sonhos parecem separados do seu anseio espiritual.

Você está sendo chamado para a unidade. Esta é a boa notícia em relação à Encarnação. O Verbo se transforma em carne, e assim se constrói um novo lugar onde todos vocês e Deus possam morar. Quando tiver encontrado esta unidade, você será realmente livre.

Fique atento às suas intuições mais finas

Você está vivendo numa época incomum. Percebe que está sendo chamado na direção da *solitude*, da prece, da reclusão, e de uma grande simplicidade. Percebe que precisa, temporariamente, limitar seus movimentos, ser moderado com as ligações telefônicas, e prudente com o envio de mensagens virtuais.

Você também sabe que o preenchimento de seu enorme anseio de ter amigos íntimos, de envolver-se em um projeto colaborativo ou em um trabalho criativo não será suficiente para atender aos seus verdadeiros desejos. Trata-se de uma nova experiência para você, sentir este anseio e também a sua imaterialidade. Você sente que nada além do amor de Deus é capaz de atender ao seu desejo mais profundo, ao mesmo tempo em que a atração pelas outras pessoas e coisas continua forte. Ao que parece, a paz e a angústia convivem juntas dentro de você, e você parece desejar tanto a distração quanto a concentração caracterizada pela devoção.

Confie na clareza com que você percebe o que precisa fazer. Imaginar que você talvez tenha de viver longe de seus amigos, de uma agitada rotina de trabalho, dos jornais, e de livros estimulantes, não o amedronta mais. Você já não se preocupa sobre o que os outros vão pensar, dizer ou fazer. Até mesmo a ideia de que você talvez seja logo esquecido, e perca seus contatos com o mundo não o tira do equilíbrio.

Para você, orar já é muito fácil. Que bênção! As pessoas ao seu redor estão indo ao cinema, frequentando aulas de balé, indo a jantares, e você já não se sente rejeitado ou abandonado quando não é convidado a participar destes eventos. Na verdade, você se sente muito feliz em estar sozinho em seu quarto. Não sente dificuldade em falar com Jesus e ouvi-lo falando com você. Está se dando conta de como Jesus está perto de você. Ele o acolhe de modo seguro em Seu amor. Às vezes, lembranças de eventos passados e fantasias em relação ao futuro penetram o seu coração, mas estes incidentes dolorosos já lhe são menos assustadores, menos devastadores, menos paralisantes. É quase como se elas fossem lembretes necessários da sua necessidade de ficar perto – muito perto – de Jesus.

Você sabe que algo totalmente novo, realmente único, está acontecendo dentro de você. Já está claro que algo dentro de você está morrendo, e que algo está nascendo. Você deve permanecer atento, calmo e seguir sua intuição mais fina. Você continua se perguntando: "Mas e meu jeito antigo de fazer e dizer as coisas? Mas... e as inúmeras alternativas que se apresentam em relação ao meu futuro?". De repente, você se dá conta de que estas perguntas já não fazem mais sentido. Na nova vida em que você está entrando, elas não surgirão mais. Os cenários que durante longo tempo serviram de pano de fundo para seus pensamentos, palavras e ações lentamente vão sendo desmontados, e você sabe que eles não serão mais usados.

Você está sentindo uma tristeza estranha. Uma enorme solidão começa a surgir em você, mas isso não o assusta. Você se sente, ao mesmo tempo, vulnerável e seguro. Jesus está no lugar onde você está, e você pode confiar que Ele lhe mostrará o próximo passo a ser dado.

Traga o seu corpo para casa

Você nunca se sentiu completamente seguro em seu corpo. Porém, Deus deseja amar você em sua totalidade, espírito e corpo. Cada vez mais, você tem olhado para o seu corpo como um inimigo a ser conquistado. Mas Deus quer que você se torne um amigo de seu corpo, de modo que ele possa estar pronto para a Ressurreição. Se você não é plenamente dono de seu corpo, não poderá apropriar-se dele para uma vida eterna.

E o que fazer para trazer seu corpo de volta para casa? Basta permitir que ele participe do seu desejo mais profundo de receber e oferecer amor. Seu corpo precisa ser abraçado e abraçar, ser tocado e tocar. Nada disso deve ser desprezado, negado ou reprimido. Porém, você precisa seguir em busca da necessidade mais profunda do seu corpo, a necessidade de ter um amor verdadeiro. Cada vez que consegue ir além dos desejos superficiais de obter amor, você traz seu corpo para casa, e se movimenta na direção da integração e da unidade.

Em Jesus, Deus encarnou-se no homem. O Espírito de Deus prevaleceu sobre Maria, e dentro dela toda a inimizade entre espírito e corpo foi superada. Assim, o Espírito de Deus se uniu ao espírito humano, e o corpo humano tornou-se o templo destinado a ser elevado à intimidade de Deus por meio da Ressureição. A cada corpo humano foi concedida uma nova esperança: o eterno pertencimento ao Deus que o criou. Graças à Encarnação, você pode trazer o seu corpo para casa.

Entre no novo território

Você já tem uma ideia de qual é a aparência do novo território. Mesmo assim, você se sente muito à vontade – embora não esteja em verdadeira paz – no velho território. Já conhece os caminhos do território antigo, suas alegrias e dores, seus momentos felizes e tristes. Nele, você passou a maior parte dos seus dias. Embora saiba que não encontrou nele aquilo que seu coração mais deseja, você se mantém bastante apegado a este lugar. Ele já lhe penetrou até a medula.

Agora você já se dá conta de que precisa deixá-lo e entrar no novo território, onde o seu Amado habita. Você sabe que aquilo que o ajudou e conduziu pelo velho território não mais funciona; mas com o que mais você pode contar, a fim de seguir adiante? Você está sendo chamado a confiar que encontrará as coisas de que necessita no novo território. Isso vai exigir a morte das coisas que se tornaram tão preciosas para você: influência, sucesso – sim, até mesmo afeto e elogios.

É muito difícil confiar, quando você não tem nada a que possa recorrer. Mesmo assim, a confiança é essencial.

O novo território é o lugar para onde você está sendo chamado, e a única maneira de ir até lá é estando nu, e vulnerável.

Você parece estar atravessando a fronteira repetidas vezes. Durante um tempo você vive a experiência de uma autêntica alegria no novo território. Mas então sente medo e começa novamente a desejar tudo o que deixou para trás; então retorna ao antigo território. Desanimado, você descobre que este território perdeu o charme. Arrisque-se mais alguns passos na direção do novo território, confiando que a cada vez que você o adentra, se sentirá mais à vontade e capaz de ficar mais tempo nele.

Continue vivendo onde Deus está

Quando sentir uma grande necessidade de afeto humano, você deverá perguntar a si mesmo se as circunstâncias ao seu redor e as pessoas de seu entorno estão realmente onde Deus quer que você esteja. Esteja fazendo o que estiver – assistindo a um filme, escrevendo um livro, fazendo uma apresentação, comendo ou dormindo –, você deve estar na presença de Deus. Se sentir uma imensa solidão e um profundo anseio por um contato humano, você precisará ter uma enorme capacidade de discernimento. Pergunte a si mesmo se esta situação é realmente uma dádiva de Deus. Pois, no lugar onde Deus quer que você esteja, Ele o acolhe com segurança, e lhe oferece paz, mesmo que esta situação envolva dor.

Ter uma vida disciplinada significa viver de um modo em que você deseja estar somente onde Deus estiver com você. Quanto maior a profundidade com que você estiver vivendo sua vida espiritual, mais fácil será distinguir a diferença entre viver com Deus e viver sem Deus; e mais fácil será afastar-se dos lugares onde Deus deixou de estar com você.

O grande desafio aqui é manter a fé, que deve estar presente nas escolhas de cada momento. Quando estiver comendo, bebendo, trabalhando, brincando, falando ou escrevendo sem que isso seja feito em prol da glória de Deus, você deve parar imediatamente o que está fazendo, pois quando você não vive mais para a glória de Deus, começa a viver para a sua própria glória. Assim, você se separa de Deus e causa danos a si mesmo.

A sua questão essencial sempre deve ser: "estou vivendo esta experiência com ou sem Deus?" Você já tem uma sabedoria interior que lhe permite responder a esta pergunta. Sempre que fizer algo que tenha origem em sua necessidade de aceitação, afirmação ou afeto, sempre que fizer algo que amplie tais necessidades, saiba que você não está com Deus. Estas necessidades jamais serão satisfeitas; elas só crescerão, se você se entregar a elas. Porém, sempre que fizer algo em prol da glória de Deus, você conhecerá a paz de Deus dentro de seu coração, e nele encontrará tranquilidade.

Confie em seus guias espirituais

Não é nada fácil seguir vivendo onde Deus está. Por isso, Deus coloca diante de você pessoas que ajudam a mantê-lo neste lugar, e a chamá-lo de volta a cada vez que você se perder. Os seus guias espirituais estão sempre lembrando você a respeito do lugar onde o seu desejo mais profundo está sendo realizado. Você já sabe que lugar é este, mas desconfia deste seu saber.

Portanto, confie em seus guias espirituais. Às vezes, eles talvez sejam austeros e exigentes, ou lhe pareçam pouco realistas, como se não estivessem levando em conta as suas necessidades. Porém, quando deixa de confiar neles, você se torna mais vulnerável. Tão logo você começa a dizer a si mesmo, "Meus guias estão ficando chateados comigo; eles conversam a meu respeito sem me permitir participar de suas conversas; tratam-me como um paciente a quem não se deve revelar tudo sobre sua doença", você se torna mais suscetível a ataques externos.

Não permita que nada se interponha entre você e seus guias espirituais. Quando se sentir tentado a desconfiar deles, imediatamente permita que eles saibam disso, de modo que possam impedir a sua imaginação de afastá-lo ainda mais deles, que possam restabelecer sua confiança neles, e que possam reafirmar o compromisso deles para com você.

Entre no lugar de sua dor

Você deve viver, cada vez mais, a experiência da dor e, com isso, privá-la do poder que ela exerce sobre você. Sim, você precisa entrar no lugar de sua dor, mas somente quando tiver feito algum progresso. Quando você penetra sua dor simplesmente para provar de sua natureza rudimentar, ela pode distanciá-lo do lugar aonde você deseja ir.

O que é a sua dor? Trata-se da experiência de não receber aquilo de que você mais precisa. É um lugar de vazio, onde você sente com intensidade a ausência do amor que tanto anseia ter. Voltar para este lugar é difícil, pois nele você se confronta com as próprias feridas e também com sua impotência para curar a si mesmo. Você tem tanto medo deste lugar, que o vê como um lugar de morte. Seu instinto de sobrevivência faz com que você queira fugir e buscar algo mais que possa lhe dar a sensação de estar em casa, embora saiba muito bem que tal coisa não pode ser encontrada neste mundo.

É preciso que você comece a confiar que sua experiência de vazio não é a experiência final, que além dela há um lugar em que você é acolhido no amor. Enquanto não confiar neste lugar que fica além de seu vazio, você não conseguirá retornar com segurança ao lugar da dor.

Portanto, você deve entrar no lugar da dor, ciente que em seu coração já encontrou o novo lugar. Você já provou alguns de seus frutos. Quanto mais raízes você tiver no novo lugar, mais facilmente conseguirá viver o luto da perda do antigo lugar, e abandonar a dor que habita nele. Não há como viver o luto de algo que não morreu. Mesmo assim, as dores antigas, os apegos e desejos aos quais você dava grande importância devem ser enterrados.

É preciso que você chore pelas dores perdidas, de modo que aos poucos elas possam deixá-lo, e você esteja livre para viver plenamente no novo lugar, sem nenhuma melancolia ou saudade.

Abra-se para o primeiro amor

Você tem falado muito sobre libertar-se de velhos apegos para poder entrar no novo lugar, onde Deus está à sua espera. Porém, é possível dar um basta a uma série de "nãos": o "não" à sua antiga maneira de pensar e sentir, o "não" às coisas que você costumava fazer e, sobretudo, o "não" aos relacionamentos humanos que você considerava preciosos e inspiradores. Você está criando uma batalha espiritual cheia de "nãos", e entra em desespero quando percebe a dificuldade – ou até mesmo a impossibilidade – de desligar-se do passado.

O amor que chegou até você por meio de amizades singulares e verdadeiras, que despertaram seu desejo latente de ser amado de uma maneira total e incondicional era real e autêntico. Ele não precisa ser negado e tido como perigoso ou marcado pela idolatria. Um amor que chegue até você por meio de seres humanos é verdadeiro, é dado por Deus, e precisa ser celebrado enquanto tal. Quando as amizades humanas se revelam intoleráveis porque você está exigindo de seus amigos que o amem de um modo que ultrapassa a capacidade humana, você não precisa negar a realidade do amor que recebeu. Ao tentar abandonar este amor a fim de encontrar o amor de Deus, você está fazendo algo que Deus não deseja. A tarefa não consiste em abandonar relacionamentos inspiradores, mas perceber que o amor que você recebeu por meio deles faz parte de um amor maior.

Deus lhe deu um belo *self*. É nele que Deus habita e ama você com o primeiro amor, que antecede todo o amor humano. Você carrega consigo, em seu coração, o seu próprio *self*, lindo e profundamente amado. Você pode e deve agarrar-se à verdade do amor que lhe foi dado, e reconhecer este mesmo amor nas outras pessoas que são capazes de ver a sua bondade e de amar você.

Portanto, esqueça a ideia de tentar abandonar o singular e verdadeiro amor que você recebeu. Seja grato por ele, e reconheça-o como aquilo que lhe permitiu abrir a si mesmo para o primeiro amor de Deus.

Reconheça a sua fraqueza

Há lugares dentro de você onde a sua fraqueza é total. Você deseja muito curar a si mesmo, combater as suas tentações, e manter-se numa posição de controle. Porém, você não é capaz de fazer isso sozinho. A cada vez que tenta, você se sente mais desanimado. Portanto, é preciso que você reconheça sua fraqueza. Este é o primeiro passo do tratamento no grupo Alcoólatras Anônimos, e no de todos os vícios. Você pode encarar o seu combate da mesma maneira: a sua inesgotável necessidade de afeto é um vício. Ele toma conta da sua vida e transforma você em vítima.

Comece com o simples reconhecimento de que não consegue curar a si mesmo. É preciso que você diga um absoluto "sim" para a sua fraqueza, para permitir que Deus o cure. Mas não se trata, na verdade, de dizer *Primeiro, eu...* e *E então, eu...* Na sua disposição de viver a experiência de fraqueza já está incluído o início da rendição à ação de Deus dentro de você. Quando você é incapaz de sentir algo da presença curativa de Deus, o reconhecimento de sua fraqueza torna-se muito assustador. É como saltar da corda bamba sem ter uma rede de segurança para apará-lo.

A sua disposição de abrir mão do desejo de controlar sua vida revela certa confiança. Quanto mais você abrir mão de sua obstinada necessidade de manter o poder, mais próximo será seu contato com Aquele que tem o poder de curar e guiar você. E quanto maior o seu contato com este poder divino, mais fácil será confessar sua fraqueza a si mesmo e aos outros.

Um modo de você manter-se agarrado a um poder imaginário é alimentar expectativas em relação a gratificações externas ou a eventos futuros. Enquanto você estiver fugindo de onde está agora, e se distraindo, não permitirá ser totalmente curado. Uma semente só germina quando permanece no solo em que foi plantada. Enquanto você continuar cavando a terra para verificar se ela está crescendo, ela jamais dará frutos. Imagine-se como uma pequena semente plantada num solo rico. Tudo o que você precisa fazer é permanecer ali, e confiar que o solo contém tudo de que você precisa para crescer. Este crescimento acontece mesmo quando você não consegue senti-lo. Fique em silêncio, reconheça sua fraqueza, e tenha fé de que um dia você saberá o quanto já recebeu.

Busque uma nova espiritualidade

Você está começando a perceber que seu corpo lhe foi dado para que você valide o seu *self*. Muitos autores de livros de espiritualidade referem-se ao corpo como se fosse impossível confiar nele. Isto pode ser verdadeiro caso o seu corpo ainda não tenha voltado para casa. Porém, uma vez que você tiver trazido seu corpo para casa, quando ele já tiver se tornado parte integral de seu *self*, você pode confiar nele e ouvir a linguagem dele.

Se você se perceber curioso em relação às vidas das pessoas com quem convive, ou tomado pelo desejo de possui-las de alguma maneira, isso significa que seu corpo ainda não chegou em casa por inteiro. Tão logo você comece a considerar o seu corpo como uma verdadeira expressão daquilo que você é, sua curiosidade desaparecerá, e você estará presente com os outros, liberto da necessidade de conhecimento, ou de posse.

Uma nova espiritualidade está nascendo em você. Ela não tem a ver com uma negação do corpo, ou com ser condescendente em relação a ele; ela é plenamente encarnada. Você precisa confiar que esta espiritualidade pode encontrar uma forma dentro de você, que ela pode ser expressada através de você. Descobrirá que vários outros tipos de espiritualidade que você já admirou e que tentou praticar deixaram de atender plenamente ao excepcional chamado que você recebeu. Você começará a perceber quando não há mais harmonia entre as experiências e ideias dos outros e as suas. Deve começar a confiar em sua vocação excepcional e permitir que ela se aprofunde e se fortaleça dentro de você, de modo que ela possa florescer em sua comunidade.

À medida que você trouxer o seu corpo para casa, terá maior capacidade de discernir, com todo o seu ser, o valor das experiências espirituais das outras pessoas, e a formulação de seus conceitos. Será capaz de compreender e gostar delas sem o desejo de imitá-las. Você se sentirá mais autoconfiante e livre para reivindicar seu lugar único na vida como um presente de Deus a você. Não haverá mais a necessidade de comparações. Você trilhará o seu próprio caminho, não de modo isolado, mas ciente de que não terá de se preocupar se isso agrada ou não aos outros.

Veja o exemplo de Rembrandt e de Van Gogh. Eles confiaram em sua própria vocação, e não permitiram que ninguém os desviasse do caminho. Dotados de uma teimosia tipicamente holandesa, seguiram sua própria vocação a partir do momento que a identificaram. Não se preocupavam com "fazer o impossível" somente para agradar seus amigos ou inimigos. Ambos terminaram a vida na pobreza, mas deixaram à humanidade presentes que poderiam curar mentes e corações de muitas gerações vindouras. Lembre destes dois homens, e confie que você também tem uma vocação excepcional, que vale a pena reivindicar e ser plenamente realizada.

Conte sua história em liberdade

Os anos que você deixou para trás, com todos seus conflitos e dores, no momento oportuno serão lembrados apenas como o caminho que o conduziu à sua nova vida. Porém, enquanto esta nova vida não for plenamente sua, suas lembranças continuarão a lhe provocar dor. Se continuar revivendo eventos dolorosos de seu passado, poderá sentir-se como uma vítima deles. Mas há um modo de contar sua história, sem criar dores. Neste caso, a necessidade de contar sua história também se mostrará menos urgente. Você perceberá que não se encontra mais lá: o passado se foi, a dor o deixou, você não precisa mais revivê-la, não depende mais do seu passado para a sua própria identidade.

Há dois modos de contar sua história. O primeiro é contá-la de modo compulsivo e com urgência, voltando a ela repetidas vezes, já que você encara o seu sofrimento atual como o resultado de suas experiências passadas. Mas há um segundo modo: você pode contar sua história a partir de um lugar que não mais exerce domínio sobre você. Pode falar a respeito dela com certo distanciamento, e enxergá-la como o caminho rumo à sua liberdade neste momento. Não há mais a compulsão de contar sua história. A partir da sua atual perspectiva de vida e com o distanciamento que agora você consegue manter, seu passado deixou de intimidá-lo. Ele perdeu o peso que tinha, e pode agora ser visto como a maneira que Deus encontrou para torná-lo mais compassivo e compreensivo em relação às demais pessoas.

Encontre a origem da sua solidão

Sempre que se sentir solitário, você deve buscar a origem deste sentimento. Você tem a tendência de fugir da solidão, ou então de pensar nela de modo obsessivo. Quando você foge da solidão, na verdade ela não diminui; você apenas a expulsa da mente por algum tempo. Quando você pensa demais na solidão, seus sentimentos só se fortalecem, e você cai em depressão.

A tarefa espiritual não consiste em escapar da solidão, ou permitir ser inundado por ela, mas em encontrar a origem dela. Isso não é fácil de fazer, mas quando você consegue de algum modo identificar o lugar de onde estes sentimentos emergem, eles perderão parte da força que exercem sobre você. Tal identificação não é uma tarefa intelectual; é uma tarefa do coração. Com o seu coração, e sem medo, você deve buscar este lugar.

Esta busca é importante, pois lhe permite a percepção de uma característica positiva sua. A dor da sua solidão talvez esteja enraizada em sua vocação mais profunda. Talvez você se dê conta de que sua solidão está relacionada ao seu chamado de viver completamente para Deus. Assim, sua solidão talvez lhe seja revelada como sendo o reverso do seu dom excepcional. Quando conseguir sentir esta verdade no mais íntimo de seu ser, você poderá encarar a solidão não apenas como algo tolerável, mas frutífero. Aquilo que de início lhe pareceu doloroso poderá então se transformar num sentimento que, embora doloroso, lhe abre o caminho para um conhecimento ainda mais profundo do amor de Deus.

Continue retornando à estrada rumo à liberdade

Quando, de repente, você parece ter perdido tudo o que ganhou, não desespere. Sua cura não é um processo que acontece em linha reta. Você deve contar com a presença de obstáculos e retrocessos. Não diga a si mesmo: "Está tudo perdido. Tenho que começar tudo de novo". Isso não é verdade. O que você ganhou, já ganhou.

Às vezes, pequenas coisas acabam se acumulando e fazem com que você temporariamente perca o chão. O cansaço, algum comentário que lhe parece insensível, a incapacidade de uma pessoa em lhe dar ouvidos, o fato de alguém mostrar uma inocente tendência à desatenção, o que lhe dá a sensação de rejeição – quando tudo isso acontece junto, você poderá sentir como se estivesse de volta à estaca zero. Porém, tente pensar nessa situação como se estivesse sendo removido da estrada na qual está dirigindo. Ao retornar à estrada, você volta ao ponto em que a deixou, e não ao ponto de partida.

É importante que você não fique remoendo os breves momentos em que foi removido de seu caminho rumo ao progresso. Tente imediatamente voltar para casa, ao lugar sólido dentro de você. Caso contrário, tais momentos começarão a se associar a outros momentos parecidos, e juntos eles se tornarão fortes o suficiente para levá-lo para muito longe da estrada. Tente manter-se alerta diante de distrações aparentemente inócuas. É mais fácil retornar à estrada quando você está no acostamento do que quando você é afastado dela, e atirado dentro de um pântano nos arredores.

Em todas as situações, siga confiando que Deus está com você, que Deus lhe deu companheiros de jornada. Continue retornando à estrada que conduz à liberdade.

Permita que Jesus o transforme

Você tem buscado maneiras de encontrar Jesus. Está tentando encontrá-lo não apenas em sua mente, mas em seu corpo. Você busca o afeto dele, e sabe que este afeto envolve tanto o corpo dele quanto o seu. Ele fez-se carne para você, de modo que você pudesse encontrá-lo na carne, e receber o amor dele em sua carne.

Porém, algo dentro de você ainda impede este encontro. Ainda há uma grande dose de vergonha e de culpa represada em seu corpo, bloqueando a presença de Jesus. Você não se sente plenamente em casa dentro do seu corpo; você o deprecia, como se ele não fosse um lugar bom o suficiente, belo o suficiente, ou puro o suficiente para encontrar Jesus.

Se você observar sua própria vida com atenção, verá como a tem preenchido com medos, especialmente o medo das pessoas dotadas de autoridade: seus pais, seus professores, seus bispos, seus guias espirituais, até mesmo os seus amigos. Você jamais se sentiu igual a eles, e sempre se rebaixou diante deles. Durante a maior parte da sua vida, você teve a sensação de precisar da permissão deles para ser você mesmo.

Lembre-se do exemplo de Jesus. Ele se sentia totalmente livre diante das autoridades do seu tempo. Dizia às pessoas que não se guiassem pelo comportamento dos escribas e dos fariseus. Jesus chegou entre nós na condição de um igual, de um irmão. Ele derrubou as estruturas piramidais de relacionamento entre Deus e as pessoas, bem como as estruturas existentes entre as pessoas, e lhes ofereceu um modelo novo: o círculo, dentro do qual Deus vive em plena solidariedade com as pessoas, e as pessoas entre si.

Enquanto seu corpo estiver repleto de dúvidas e de medos, você não será capaz de encontrar Jesus dentro dele. Jesus veio para libertá-lo destas amarras, e criar dentro de você um espaço onde você possa estar com Ele. Ele quer que você viva a liberdade dos filhos de Deus.

Não se desespere, achando que não consegue mudar a si mesmo depois de tantos anos. Simplesmente entre na presença de Jesus do jeito que você é, e peça a Ele que lhe dê um coração destemido, onde Ele possa estar com você. *Você* mesmo não é capaz de tornar-se diferente. *Jesus* é quem veio para lhe dar um coração novo, um espírito novo, uma mente nova e um corpo novo. Permita que Jesus o transforme por meio do amor dele, criando assim a possibilidade para que você receba o afeto dele em todo o seu ser.

Torne-se amigo das suas emoções

Talvez seja desanimador constatar a rapidez com que você perde sua paz interior. Alguém que cruze o seu caminho por acaso poderá, de repente, lhe causar inquietação e ansiedade. Às vezes, acontece de este sentimento já estar em você antes mesmo de você ter plena consciência disso. Você se considerava uma pessoa centrada; achava que podia confiar em si mesmo; achava que poderia permanecer com Deus. De repente, alguém que você mal conhece faz com que você se sinta inseguro. Você começa a se perguntar se é, de fato, uma pessoa amada, e esta pessoa estranha torna-se o seu critério de avaliação. Assim, começa a sentir-se desiludido com sua própria reação.

Não torture a si mesmo por não estar tendo um progresso espiritual. Caso faça isso, você será facilmente arrastado para ainda mais longe do seu centro. Causará danos a si mesmo, e tornará ainda mais difícil seu retorno para casa. É claro que convém não agir a partir de emoções repentinas. Mas você tampouco deve reprimi-las. Você pode reconhecer a presença delas, e deixá-las ir embora. Em certo sentido, você deve tornar-se amigo e não vítima delas.

O caminho rumo à "vitória" não consiste em tentar superar diretamente as emoções que lhe trazem desalento, mas em construir uma sensação mais profunda de segurança e de familiaridade, e um conhecimento mais enraizado de que você é profundamente amado. Então, aos poucos, você deixará de dar tanto poder a estranhos.

Não desanime. Tenha a certeza de que Deus vai realmente satisfazer todas as suas necessidades. Lembre-se sempre disso. Isso o ajudará a não esperar que tal satisfação lhe seja proporcionada pelas pessoas que você já sabe serem incapazes de trazê-la a você.

Siga o seu chamado mais profundo

Quando descobre dentro de si algo que é um presente de Deus, você deve reivindicá-lo para si, e não deixar que lhe tirem de você. Às vezes, pessoas que nada sabem sobre o seu coração serão totalmente incapazes de reconhecer a importância de algo que faz parte de seu *self* mais profundo, e que é tão precioso para você quanto para Deus. Elas talvez não o conheçam o suficiente para poder atender às suas necessidades mais autênticas. É neste momento que você deverá abrir seu coração e seguir seu chamado mais profundo.

Há uma parte sua que cede muito facilmente à influência alheia. Tão logo alguém questiona as suas motivações, você começa a duvidar de si. Você acaba concordando com esta pessoa antes mesmo de consultar seu próprio coração. Assim, acaba assumindo uma atitude passiva, e simplesmente conclui que ela tem mais discernimento do que você.

É preciso, então, que você esteja muito atento ao seu *self* interior. "Voltar para casa" e "ser devolvido a si mesmo" são expressões indicativas de que você possui uma sólida base interior, a partir da qual é capaz de falar e de agir – sem precisar pedir desculpas – com humildade, mas com convicção.

Mantenha-se ancorado em sua comunidade

Quando o chamado para que você se torne um curador compassivo se confunde com sua necessidade de ser aceito, as pessoas que você deseja curar acabam arrastando você e o levando para o mundo delas, lhe roubando o seu dom de cura. Mas quando, devido ao medo de se transformar numa pessoa que sofre, você não consegue se aproximar destas pessoas, torna-se incapaz de ter acesso a elas, e de lhes restituir a saúde. Você começa a sentir profundamente a solidão, a alienação e a pobreza espiritual de seus contemporâneos. Seu desejo é oferecer a elas uma resposta realmente curativa, que tenha origem em sua fé no Evangelho. Porém, você muitas vezes se percebeu obcecado pela curiosidade e por uma necessidade de afeto; com isso, perdeu a habilidade de levar as boas notícias àqueles de quem você tanto se aproximou. É importante que você mantenha um contato próximo com as pessoas que conhecem você, que o amam e que são capazes de proteger a sua vocação. Se acaso você tiver de visitar pessoas que tenham necessidades extremas, e que estejam enfrentando grandes batalhas que você é capaz de reconhecer em seu próprio coração, permaneça ancorado em sua comunidade local. Imagine que sua comunidade esteja segurando uma longa corda atada à sua cintura. Onde quer que você esteja, ela está segurando esta corda. Deste modo, você poderá manter-se muito próximo das pessoas que estejam necessitando da sua cura, sem perder contato com as pessoas que protegem a sua vocação. A sua comunidade poderá puxá-lo de volta quando seus membros perceberem que você está se esquecendo o porquê de ter sido enviado a este mundo. Quando você sentir brotando em si a necessidade de compaixão, apoio, afeto e cuidados da parte das pessoas na direção das quais você foi enviado, lembre-se de que há um lugar onde você poderá receber estes presentes de uma maneira segura e responsável. Não se deixe seduzir pelos poderes sombrios que emprisionam as pessoas que você deseja libertar. Continue voltando-se na direção do grupo a que você pertence, a estas pessoas que o mantêm dentro da luz. É esta luz que você deseja trazer para dentro da escuridão. Você não precisa temer ninguém enquanto permanecer firmemente ancorado em sua comunidade. Você poderá, então, carregar esta luz por toda parte.

Permaneça com sua dor

Quando você está sentindo a profunda dor da solidão, é compreensível que seus pensamentos se voltem para a pessoa que conseguiu aliviar você deste sentimento, mesmo que isso tenha ocorrido por um breve instante. Quando, por trás de todos os elogios e aplausos, você sente uma enorme ausência, que faz com que tudo pareça fútil, o seu coração só deseja uma coisa: estar ao lado da pessoa que alguma vez conseguiu dissipar estas emoções assustadoras. Porém, é a experiência desta própria ausência, deste mesmo vazio interno, que você tem de sentir, e não a do vazio que foi temporariamente removido.

Não é fácil permanecer com a solidão. Você é tentado a alimentar esta dor, ou começar a fantasiar sobre as pessoas que possam retirá-la de você. Porém, quando consegue reconhecer sua solidão dentro de um lugar seguro e limitado, você coloca sua dor à disposição de Deus, para que Ele a cure.

Deus não quer a sua solidão. Deus quer tocar você de uma maneira que atenda para sempre ao seu desejo mais profundo. É importante que você tenha a coragem de permanecer com sua dor, e permita que ela esteja dentro de você. Deve possuir sua solidão, e confiar que ela não estará aí para sempre. O propósito da dor que você sente agora é colocá-lo em contato com o lugar que mais precisa de cura: o seu próprio coração. A pessoa que conseguiu tocar este lugar revelou a você uma pérola preciosa.

É compreensível que tudo o que você já fez, está fazendo ou planeja fazer pareça completamente sem sentido em comparação com esta pérola. Ela representa a experiência de ser plenamente amado. Quando sente uma profunda solidão, você se predispõe a desistir de qualquer coisa em troca da cura. Porém, nenhum ser humano pode curar esta dor. Mesmo assim, pessoas lhe serão enviadas no papel de intermediário entre você e a cura de Deus, e poderão lhe proporcionar a profunda sensação de pertencimento que você deseja, e que confere sentido a tudo o que você faz.

Tenha a coragem de permanecer com sua dor, e confie na promessa que Deus lhe fez.

Viva pacientemente com o "ainda não"

Em sua infância, parte de você foi deixada para trás: a parte que nunca se sentiu totalmente acolhida. Ela está repleta de lágrimas. Enquanto isso, você cresceu e desenvolveu muitas estratégias de sobrevivência. Porém, você deseja que seu *self* seja uno, indivisível. Portanto, você precisa trazer para casa a parte de si que foi deixada para trás. Isso não é fácil, porque você se tornou uma pessoa formidável, e a parte medrosa que mora em você não sabe se é capaz de estabelecer uma morada segura dentro de você. Seu *self* adulto precisa tornar-se infantil – acolhedor, gentil e carinhoso –, de modo que seu ansioso *self* possa retornar, e sentir-se seguro.

Você se queixa dizendo que acha difícil rezar, e viver a experiência do amor de Jesus. Porém, Jesus habita em seu *self* medroso, um *self* que nunca foi plenamente acolhido. Quando você fizer amizade com seu verdadeiro *self*, e descobrir que ele é bom e lindo, encontrará Jesus nele. Trazer o seu medroso *self* para casa significa trazer Jesus para casa.

Enquanto seu vulnerável *self* não se sentir acolhido por você, ele se manterá tão distante de você que não conseguirá lhe mostrar sua verdadeira beleza e sabedoria. Assim, você seguirá sobrevivendo, sem viver, de fato.

Tente manter seu pequeno e medroso *self* perto de si. Isso será uma batalha, pois durante certo tempo você terá de conviver com o "ainda não". O seu *self* mais profundo e mais verdadeiro ainda não voltou para casa. Ele fica amedrontado muito facilmente. Já que seu íntimo *self* não se sente seguro com você, ele segue em busca de outras pessoas, especialmente aquelas que possam lhe oferecer um verdadeiro – ainda que temporário – consolo. Mas, quando você se tornar mais inocente, mais infantil, ele deixará de sentir a necessidade de habitar em outro lugar. Ele passará a olhar para *você* como a casa dele.

Tenha paciência. Quando se sentir solitário, permaneça com sua solidão. Resista à tentação de permitir que seu medroso *self* saia correndo. Permita que ele lhe ensine sua sabedoria; que ele lhe diga que você pode viver, em vez de apenas sobreviver. Aos poucos, você se tornará uno, indivisível, e então saberá que Jesus está vivendo em seu coração, oferecendo-lhe tudo de que você precisa.

Siga caminhando rumo à plena encarnação

Não desconsidere o que você já conquistou. Você deu passos importantes na direção da liberdade que tem buscado. Decidiu dar completa dedicação a Deus, a fim de colocar Jesus no centro de sua vida, e tornar-se um instrumento da graça de Deus. Sim, em você ainda há uma divisão interna, e a necessidade de aprovação e de aplausos. Porém, você percebe que já fez escolhas importantes, que lhe mostram aonde deseja ir.

Você pode considerar sua vida como se ela fosse um largo cone, que vai ficando mais estreito à medida que você se aprofunda. Neste cone há várias portas que lhe dão a chance de abandonar a viagem. Porém, você tem fechado estas portas, uma após a outra, fazendo com que se aprofunde cada vez mais, na direção de seu centro. Você sabe que, no final, Jesus está à sua espera, e também sabe que ele o guia enquanto você caminha nesta direção. A cada vez que você fecha uma porta – seja esta a porta da satisfação imediata, a porta do entretenimento que o distrai, a porta do "manter-se ocupado", a porta da culpa e das preocupações, ou a porta da autorrejeição – você assume consigo mesmo o compromisso de ir mais fundo em seu coração e, com isso, mais fundo no coração de Deus.

Este é um movimento rumo à plena encarnação. Ele lhe permite tornar-se o que você já é – um filho de Deus; permite que você encarne cada vez mais a verdade do seu ser; faz com que você reivindique o Deus que habita em você. Você tem a tentação de se considerar um zero à esquerda na vida espiritual, e de achar que seus amigos estão muito mais avançados que você neste percurso. Mas isto é um equívoco.

Você deve confiar na profundidade da presença de Deus em você, e viver a partir disso. Esta é a maneira de seguir vivendo rumo à plena encarnação.

Olhe para si mesmo de modo verdadeiro

Você continua fazendo um grande esforço para enxergar sua própria verdade. Quando as pessoas que conhecem bem o seu coração e o amam lhe dizem que você é um filho de Deus, que Deus já entrou profundamente em seu ser, e que você tem oferecido muito de Deus às pessoas, você interpreta estes comentários como frases motivacionais. Não acredita que estas pessoas estejam de fato vendo o que elas estão dizendo.

Você deve começar a enxergar a si mesmo da forma como os seus verdadeiros amigos o veem. Enquanto estiver cego para a sua própria verdade, você continuará se autodepreciando, e referindo-se aos outros como melhores, mais sagrados e mais amados do que você. Você segue admirando todas as pessoas em que vê bondade, beleza e amor pelo fato de não enxergar nenhuma destas qualidades dentro de si. O resultado disso é que você começa a depender dos outros, sem dar-se conta de que tem tudo de que precisa para ser independente.

Porém, não há como forçar para que as coisas aconteçam. Você não poderá se *forçar* a ver o que outros veem. Não poderá assumir a si mesmo quando ainda há partes suas que são teimosas e caprichosas. É preciso que você reconheça onde está e que reivindique este lugar. Você precisa encarar sem medo a sua solidão, a sua incompletude, a sua ausência de plena encarnação, e confiar que Deus lhe trará as pessoas que vão lhe mostrar a verdade de quem você é.

Receba todo o amor que chega até você

Embora sinta uma grande força física e mental, você ainda tem uma poderosa inclinação ao sentimento de angústia. Você dorme bem, trabalha bem, mas são poucos os seus momentos despertos, em que você não sente uma dor palpitando em seu coração, que faz com que tudo lhe pareça incerto. Você sabe que está progredindo, mas não consegue entender por que esta angústia continua permeando tudo que você pensa, diz ou faz. Você ainda sente uma dor profunda e não resolvida, mas não consegue livrar-se dela sozinho. Ela está num nível muito mais profundo do que você é capaz de alcançar.

Seja paciente e confie. Você deve ir cada vez mais fundo na direção do seu coração. Há um lugar muito profundo semelhante a um rio turbulento, e este lugar o assusta. Mas não tenha medo. Um dia, este lugar estará tranquilo e em paz.

Você deve continuar a se movimentar, como tem feito. Viva uma vida de fé e disciplinada, uma vida que lhe dê uma sensação de força interior, uma vida em que você possa receber cada vez mais o amor que chega até você. Venha de onde vier um grande amor por você, receba-o e fortaleça-se com ele. À medida que seu corpo, seu coração e mente souberem que você é amado, a sua porção mais fraca se sentirá atraída na direção deste amor. Aquilo que ficou separado e inatingível será atraído na direção do amor que você foi capaz de receber. Um dia você vai perceber que sua angústia se foi. Ela o deixará porque seu *self* mais fraco se permitiu ser envolvido pelo seu amor.

Você ainda não atingiu este ponto, mas está se movendo rapidamente. Ainda passará por dores e conflitos. Você deve ter a coragem de atravessá-los. Siga caminhando em linha reta. Reconheça a existência desta angústia, mas não permita que ela o tire de seu centro. Siga firme na direção que escolheu, mantenha a disciplina, sua prece, seu trabalho, seus guias, e confie que, um dia, o amor terá conquistado a maior parte de você, de modo que até mesmo a sua porção mais temerosa permitirá que o amor elimine todo o medo.

Mantenha-se unido ao corpo maior

O seu próprio crescimento não pode acontecer sem o crescimento das outras pessoas. Você é parte de um corpo. Quando você muda, o corpo inteiro muda. É muito importante que você se mantenha profundamente conectado com a comunidade mais ampla a que você pertence.

Também é importante que as pessoas que pertencem ao corpo de que você faz parte mantenham a fé na sua viagem. Você ainda tem um caminho a percorrer, e haverá momentos em que seus amigos ficarão perplexos, ou mesmo decepcionados com o que está acontecendo a você. Haverá momentos em que as coisas talvez lhe pareçam mais difíceis do que costumavam ser; talvez pareçam piores do que eram quando você começou. Você ainda precisa fazer a grande passagem, e isso talvez não aconteça sem que haja muitas angústias e medo. Ao passar por tudo isso, é importante que você permaneça ligado ao corpo maior, e saiba que sua viagem foi feita não apenas para você, mas para todos que pertencem ao corpo.

Lembre-se de Jesus. Ele fez sua viagem e pediu a seus discípulos que o seguissem até mesmo nos lugares aonde eles preferiam não ir. A viagem que você está escolhendo é a viagem de Jesus, e esteja ou não consciente a este respeito, você também está pedindo a seus irmãos e irmãs que sigam você. Em alguma medida, você já sabe que a experiência que está vivendo agora não deixará de afetar os demais membros da comunidade. Suas escolhas também farão com que seus amigos façam novas escolhas.

Ame de maneira profunda

Não hesite em amar, e amar de maneira profunda. Talvez você tenha medo da dor que um amor profundo pode causar. Quando as pessoas que você ama profundamente o rejeitam, o abandonam, ou morrem, seu coração é partido. Mas isso não deve impedi-lo de amar de maneira profunda. A dor que nasce de um amor profundo faz com que seu amor dê ainda mais frutos. É como um arado que faz sulcos na terra, para permitir que a semente germine, e cresça até se transformar numa planta forte. A cada vez que sente a dor da rejeição, da ausência, ou da morte, você está diante de uma escolha. Poderá ficar amargurado, e decidir não amar novamente, ou então manter-se firmemente em pé sobre sua dor, e permitir que o solo em que está pisando fique mais rico, e mais capaz de dar vida a sementes novas.

Quanto mais você tiver amado e se permitido sofrer por causa de seu amor, mais facilidade terá em deixar que seu coração se expanda e se aprofunde. Quando o seu amor realmente doa e recebe, aqueles que você ama não deixam o seu coração, mesmo quando eles partem. Eles se tornarão parte do seu *self* e, assim, aos poucos construirão uma comunidade dentro de você.

As pessoas que você amou de maneira profunda tornam-se parte de você. Quanto mais você viver, mais pessoas haverá para receber o seu amor, e tornar-se parte da sua comunidade interna. Quanto mais a sua comunidade interna se expandir, mais facilmente você reconhecerá seus irmãos e irmãs em meio às pessoas estranhas que o cercam. Aqueles que estão vivos dentro de você reconhecerão os que estão vivos à sua volta. Quanto mais ampla for a comunidade do seu coração, mais ampla a comunidade ao seu redor. Assim, a dor da rejeição, da ausência e da morte poderá tornar-se frutífera. Sim, à medida que você ama de maneira profunda, o solo do seu coração terá cada vez mais sulcos, mas você se alegrará com a abundância dos frutos que ele dará.

Mantenha-se de cabeça erguida em seu sofrimento

A pergunta é: "Você é capaz de manter a cabeça erguida em meio à dor, à solidão, aos seus medos e à sensação de estar sendo rejeitado?" O perigo é que você acabe se enamorando destes sentimentos. Eles estarão aí durante um longo tempo, e continuarão tentando você a mergulhar neles. Porém, você está sendo chamado a reconhecê-los e a senti-los ao mesmo tempo em que se mantém de cabeça erguida.

Lembre-se: Maria manteve-se de cabeça erguida diante da cruz. Ela resistiu ao sofrimento de cabeça erguida. Lembre-se: Jesus falou a respeito dos desastres cósmicos e do surgimento glorioso do Filho do Homem, e disse a seus discípulos: "Quando estas coisas começarem a acontecer, levantem-se e ergam a cabeça, porque a redenção de vocês estará próxima" (Lc 22,28). Lembre-se: Pedro e João curaram o homem coxo que pedia esmolas à porta do templo. Pedro disse a ele: "Em nome de Jesus Cristo, o Nazareno, ande!" (At 3,6). A seguir, Pedro o tomou pela mão direita e o ajudou a ficar em pé.

Você precisa ter coragem para permanecer de cabeça erguida em meio às suas batalhas. Será tentado a começar a reclamar, a implorar, a sentir-se sobrecarregado, a encontrar satisfação na piedade que você está evocando. Porém, você já sabe que isso não dará ao seu coração aquilo que ele mais deseja. Enquanto estiver de cabeça erguida, você será capaz de falar livremente com os outros, de fazer contato com eles, de receber deles. Assim, você falará e agirá a partir do seu centro, e convidará os outros a falar e agir a partir do centro deles. Deste modo, será possível ter amizades verdadeiras e a verdadeira comunidade poderá ser construída. Deus lhe dá a força para tolerar suas batalhas, e enfrentá-las com firmeza, de cabeça erguida.

Permita que o profundo se comunique com o profundo

Quando você "ama" alguém, ou "sente falta" de alguém, sente uma dor interna. Aos poucos, você precisa descobrir a natureza desta dor. Quando o seu *self* mais profundo estiver conectado com o *self* mais profundo da outra pessoa, a ausência dela poderá ser dolorosa, mas levará você a uma profunda comunhão com esta pessoa, pois o amor mútuo é o amor em Deus. Quando o lugar onde Deus habita em você está intimamente conectado ao lugar onde Deus habita no outro, a ausência da outra pessoa não é destrutiva. Pelo contrário, ela o desafiará a entrar em comunhão mais profunda com Deus, a fonte de toda a unidade e comunhão entre as pessoas.

Por outro lado, também é possível que a dor da ausência lhe mostre que você não está em contato com o seu *self* mais profundo. Você sente a necessidade de que o outro viva a experiência de completude interior para que você possa ter uma sensação de bem-estar. Você criou uma dependência emocional desta pessoa, e cai em depressão por causa da ausência dela. A sensação é de que esta pessoa retirou de você uma parte sem a qual você não consegue viver. Então, a dor desta ausência revela a ausência de confiança no amor de Deus. Porém, Deus é suficiente para você.

O verdadeiro amor entre dois seres humanos coloca você em contato mais íntimo com seu *self* mais profundo. Este é um amor *em* Deus. A dor que você sente devido à morte ou à ausência da pessoa que ama sempre o convida a um conhecimento mais profundo do amor de Deus. Todo o amor de que você precisa é o amor de Deus, e ele lhe revela o amor de Deus na outra pessoa. Portanto, o Deus que está em você pode se comunicar com o Deus que está no outro. Trata-se do profundo se comunicando com o profundo, uma reciprocidade no coração de Deus, que acolhe vocês dois.

A morte ou a ausência não elimina, e tampouco diminui o amor de Deus que conduziu você à outra pessoa. Elas são um chamado para que você dê um passo adiante no mistério do inesgotável amor de Deus. Este processo é doloroso, muito doloroso, pois a outra pessoa se transformou numa verdadeira revelação do amor de Deus por você. Porém, quanto menor o apoio que você receber das pessoas – amor que é dádiva de Deus –, mais você será chamado a amar Deus em nome do próprio Deus. Este é um amor que inspira reverência e até mesmo temor, mas é o amor que traz a vida eterna.

Permita-se ser plenamente aceito

Doar de si mesmo aos outros sem esperar nada em troca só é possível quando você já foi plenamente aceito. Sempre que você se percebe à espera de alguma retribuição por algo que deu a alguém, ou sente-se frustrado quando nada retorna a você, está sendo lembrado que você mesmo ainda não foi plenamente aceito. Somente quando você conhecer a si mesmo como uma pessoa amada de maneira incondicional – isto é, plenamente aceito – por Deus, será capaz de dar de modo incondicional. Dar sem esperar nada em troca significa confiar que todas as suas necessidades serão atendidas por Aquele que o ama de modo incondicional. Significa confiar que não é preciso proteger sua própria segurança, mas que é capaz de doar-se plenamente a serviço dos outros.

A fé significa, justamente, que se você doa de modo incondicional receberá de modo incondicional, mas não necessariamente da pessoa a quem você doou. O risco que você corre é derramar-se para os outros na esperança de que eles o aceitarão plenamente. Logo você sentirá como se eles estivessem indo embora levando consigo partes suas. Você não poderá doar de si mesmo aos outros se não possuir a si mesmo, e você só é capaz de realmente possuir a si mesmo quando já foi plenamente aceito, em amor incondicional.

Muitas vezes, o dar e o receber são marcados pela violência, pois os que doam e os que recebem agem mais motivados pela necessidade do que pela confiança. Aquilo que parece ser generosidade é, na verdade, manipulação, e o que parece ser amor é, na verdade, um pedido de afeto ou de apoio. Quando você conhecer a si mesmo como alguém plenamente amado, será capaz de dar de acordo com a capacidade que o outro tem de receber, e capaz de receber conforme a capacidade que o outro tem de dar. Você se sentirá grato pelo que lhe for dado sem se apegar a isso, e alegre por aquilo que pode dar, sem vangloriar-se disso. Será uma pessoa livre, livre para amar.

Reconheça sua presença singular na comunidade

A sua presença singular em sua comunidade é o modo pelo qual Deus quer que você esteja presente para os outros. Pessoas diferentes têm maneiras diferentes de estar presentes. Você precisa saber qual é a sua maneira, e reconhecê-la. É por isso que o discernimento é tão importante. Quando tiver o conhecimento interior a respeito de sua verdadeira vocação, você terá um ponto de referência. Isso o ajudará a decidir o que fazer e o que abandonar, o que dizer e em que momentos deve calar, quando sair e quando permanecer em casa, com quem estar e quem deve evitar.

Quando você se sente exausto, frustrado, sobrecarregado, esgotado, seu corpo está lhe dizendo que você está fazendo coisas que nada têm a ver com você. Deus não exige que você faça coisas que estão além de suas habilidades, que o afastam de Deus, ou que o deixem deprimido ou triste. Deus quer que você viva para os outros, e que viva bem esta presença. Isso poderá incluir sofrimentos, cansaço, e até mesmo momentos de grande dor física ou emocional, porém nada disso deverá jamais afastá-lo de seu *self* mais profundo e de Deus.

Você ainda não encontrou plenamente o seu lugar em sua comunidade. Seu modo de estar presente na comunidade talvez demande momentos de ausência, dedicados à prece ou à escrita, ou de *solitude*. Tais momentos também são úteis para sua comunidade. Eles lhe permitem que você tenha uma presença profunda diante de seu grupo, e que, ao falar com eles, use palavras que se originem do Deus que está em você. Quando parte de sua vocação é oferecer aos membros de sua comunidade uma visão que os nutrirá, permitindo-lhes seguir adiante, é essencial que você tenha seu tempo e espaço próprios, para permitir que esta visão amadureça dentro de si, e torne-se parte integral do seu ser.

Sua comunidade precisa de você, mas talvez a sua presença não precise ser constante. Sua comunidade talvez precise de você como uma presença que proporciona coragem e alimento espiritual para seguir na jornada, uma presença que cria um solo firme no qual os demais possam crescer e se desenvolver, uma presença que pertença às bases da comunidade. Porém, sua comunidade também precisa da sua ausência criativa.

Você talvez precise de certas coisas que a comunidade não pode lhe oferecer. Para obtê-las, você talvez precise ir a outros lugares, de vez em quando. Isso não significa ser egoísta, anormal ou incapaz de se adequar à vida comunitária. Significa que o seu modo de estar presente para a sua comunidade requer um tipo particular de nutrição. Não tenha medo de pedir estas coisas. Ao fazê-lo, você será capaz de ser fiel à sua vocação, e de sentir-se seguro. Trata-se de um serviço prestado às pessoas para as quais você deseja ser uma fonte de esperança e uma presença inspiradora.

Aceite sua identidade de Filho de Deus

A sua verdadeira identidade é de um filho de Deus. Esta é a identidade que você precisa aceitar. Uma vez que você a tiver assumido e se enraizado nela, poderá viver num mundo que lhe traz muita alegria, e também traz dor. Poderá tomar os elogios e críticas como uma oportunidade para fortalecer sua identidade básica, pois a identidade que o liberta está ancorada num ponto além de qualquer crítica ou elogio humanos. Você pertence a Deus, e é como um filho de Deus que você é enviado ao mundo.

Você precisa de orientação espiritual; precisa de pessoas que possam mantê-lo ancorado em sua verdadeira identidade. Sempre haverá a tentação de desconectar-se daquele lugar profundo dentro de você, onde Deus habita, e deixar-se submergir em meio aos elogios ou às críticas.

Já que há muito tempo você desconhece este lugar interior profundo, onde sua identidade de filho de Deus está enraizada, as pessoas que tiveram acesso a este lugar adquiriram um poder repentino e extraordinário sobre você. Elas tornaram-se parte da sua identidade. Você não conseguia mais viver sem elas. Porém, como elas se revelaram incapazes de cumprir esta função divina, elas deixaram você, e você se sentiu abandonado. Mas é justamente esta sensação de abandono que o chamou de volta à sua verdadeira identidade de filho de Deus.

Somente Deus pode habitar plenamente neste seu lugar interior, e lhe dar uma sensação de segurança. Porém, você ainda corre o risco de permitir que outras pessoas o afastem de seu centro sagrado, deixando-o assim num estado de angústia.

Talvez leve um bom tempo e uma grande dose de disciplina para reconectar plenamente seu *self* profundo e oculto com o seu *self* público, que é conhecido, amado, e aceito, mas também criticado pelas pessoas no mundo. Aos poucos, porém, você começará a sentir-se mais conectado e se tornará mais plenamente o que você realmente é – um filho de Deus. Aqui é que mora a sua verdadeira liberdade.

Assuma a responsabilidade pela sua dor

Você se questiona se convém compartilhar com as pessoas os seus conflitos, especialmente aquelas a quem lhe foi confiada a tarefa de servir. Tem dificuldade em deixar de comentar sobre as suas próprias dores e seu sofrimento com as pessoas que está tentando ajudar. Sente que aquilo que pertence à essência da sua humanidade não deve ficar oculto. Você deseja ser um companheiro de viagem, em vez de um guia distante.

A principal questão é: "Você assume a responsabilidade pela sua dor?". Enquanto não fizer isso – isto é, integrando esta dor ao seu modo de vida no mundo – você correrá o risco de usar o outro para buscar a cura para você mesmo. Quando conversa com os outros sobre a sua dor, sem assumir plena responsabilidade por ela, você está esperando algo deles, algo que eles não podem lhe dar. O resultado disso é que você se sentirá frustrado, e as pessoas que você quis ajudar se sentirão confusas, decepcionadas, ou até mesmo sobrecarregadas.

Porém, ao assumir plena responsabilidade pela sua dor, sem esperar nenhum consolo ou alívio das pessoas a quem você presta serviços, você é capaz de falar sobre esta dor num estado de verdadeira liberdade. Então, compartilhar os seus conflitos pode se transformar num serviço; esta receptividade em relação a si mesmo poderá agora servir de exemplo de coragem e esperança para os outros.

Para que você seja capaz de dividir seus conflitos por meio do serviço, também é essencial estar cercado de pessoas a quem você pode recorrer quando precisar satisfazer suas próprias necessidades. Você sempre precisará de pessoas com quem possa abrir seu coração. Sempre precisará de pessoas que não precisam de você, mas que podem acolher você, e lhe restituir o seu ser. Sempre precisará de pessoas que possam ajudá-lo a assumir a responsabilidade por sua dor, e pelos seus conflitos.

Portanto, a pergunta central em seu trabalho de assistência é "O ato de compartilhar os meus conflitos estará a serviço da pessoa que me pediu ajuda?". A resposta a tal pergunta só será "sim" quando você realmente assumir responsabilidade pela sua dor, e não tiver nenhuma expectativa em relação às pessoas que lhe pediram ajuda.

Conheça a si mesmo como uma pessoa realmente amada

Algumas pessoas têm vivido sob tamanha opressão, que seu verdadeiro *self* já se tornou completamente inacessível a elas. Elas precisam de ajuda para livrarem-se desta opressão. A força necessária para libertá-las deverá ser pelo menos tão grande quanto a força que as oprime. Às vezes, elas precisam ter permissão para explodir: liberar suas emoções mais profundas e livrar-se das forças estranhas. Talvez recorram a gritos, a berros, ao choro, e até mesmo a lutas corporais como meios de expressão desta liberação.

No entanto, você parece não carecer de tal explosão. Para você, o problema não está em *retirar* algo de seu organismo, mas *absorver* algo que aprofunde e fortaleça seu senso de bondade, e que dê à sua angústia a possibilidade de ser acolhida pelo amor.

Você vai perceber que quanto mais amor você puder absorver e manter consigo, menos amedrontado ficará. Passará a falar de modo mais simples, mais direto, e com mais liberdade a respeito do que importa para você, sem temer a reação das outras pessoas. Também passará a precisar de menos palavras, confiando que é capaz de comunicar o seu verdadeiro *self* mesmo quando não fala muito.

Os discípulos de Jesus tinham uma verdadeira percepção de sua presença amorosa no momento em que saíam para orar. Eles encontraram Jesus, comeram junto dele, e falaram com Ele após sua ressureição. Passaram a ter uma profunda conexão com Ele, e de tal conexão retiraram as forças para manifestar-se em público de forma simples e direta, sem medo de serem mal compreendidos ou rejeitados.

Quanto mais você reconhece a si mesmo – em espírito, mente e corpo – como uma pessoa realmente amada, mais livre estará para proclamar a boa-nova. Esta é a liberdade dos filhos de Deus.

Proteja sua inocência

O fato de ser um filho de Deus não o livra de tentações. Em alguns momentos talvez você se sinta tão abençoado, tão *em* Deus, e tão amado que se esquece de que ainda vive num mundo de poderes e de principados. Porém, sua inocência de filho de Deus precisa ser protegida. Caso contrário, você será facilmente separado do seu verdadeiro *self*, e será submetido à força destruidora das trevas que o cercam.

Tal separação poderá acontecer de modo surpreendente. Antes mesmo de ter plena consciência disso, ou de ter tido a chance de dar seu consentimento, você poderá se sentir esmagado pela luxúria, pela raiva, pelo ressentimento ou pela gula. Uma fotografia, a presença de uma pessoa ou algum gesto dela poderão ser o estopim destas emoções fortes e destrutivas, e seduzir seu inocente *self*.

Sendo um filho de Deus, você deve ser prudente. Você não pode simplesmente sair caminhando por este mundo como se não pudesse ser ferido por nada ou por ninguém. Você continua extremamente vulnerável. As mesmas paixões que lhe permitem amar a Deus poderão ser usadas pelas forças do mal.

Os filhos de Deus precisam apoiar, proteger e abraçar uns aos outros, próximos ao coração de Deus. Você faz parte de uma minoria num mundo vasto e hostil. À medida que você adquirir maior consciência da sua verdadeira identidade como filho de Deus, também verá com mais clareza as inúmeras forças que tentam convencê-lo de que todas as coisas espirituais são falsos substitutos para as verdadeiras coisas da vida.

Quando você é temporariamente separado de seu verdadeiro *self*, pode ter a repentina sensação de que Deus é apenas uma palavra, que a oração é uma fantasia, que a santidade não passa de um sonho, e que a vida eterna é apenas um meio de escapar da vida real. Jesus sofreu esta tentação, e nós também sofremos.

Não confie em seus pensamentos e sentimentos quando você está sendo separado de seu *self*. Volte rapidamente ao seu verdadeiro lugar, e não dê atenção aos enganos e ilusões pelos quais você se deixou levar. Aos poucos, você estará mais preparado para enfrentar estas tentações, e elas terão cada vez menos poder sobre você. Proteja sua inocência agarrando-se à verdade: você é um filho de Deus, e profundamente amado.

Permita que seu leão deite-se ao lado de seu cordeiro

Dentro de você há um cordeiro e um leão. A maturidade espiritual consiste na habilidade de permitir que o cordeiro e o leão se deitem lado a lado. O leão é o seu *self* adulto e agressivo. É o seu *self* que toma iniciativas e decisões. Mas aí dentro também está o seu cordeiro amedrontado e vulnerável, a parte de você que precisa de afeto, apoio, afirmação e nutrição.

Se você presta atenção apenas ao seu leão, vai sentir-se esgotado, exausto. Se dedica atenção somente ao seu cordeiro, vai facilmente tornar-se vítima da necessidade de receber a atenção dos outros. A arte da vida espiritual está em assumir em plenitude tanto o seu leão quanto o seu cordeiro. Deste modo, você poderá agir de modo assertivo, sem negar suas próprias necessidades. E poderá pedir afeto e cuidados sem trair seu talento para a liderança.

A construção da identidade como filho de Deus não significa, de modo algum, abdicar das suas responsabilidades. Da mesma forma, assumir a responsabilidade pelo seu *self* adulto não significa, de modo algum, que você não pode se transformar, cada vez mais, em um filho de Deus. Muito pelo contrário: quanto mais seguro você se sentir como filho de Deus, mais livre estará para assumir sua missão no mundo na condição de um ser humano responsável. E, quanto mais você reconhecer que tem uma tarefa única a ser cumprida para Deus, mais aberto estará para permitir a realização da sua necessidade mais profunda.

O reino de paz que Jesus veio estabelecer entre nós terá início quando o seu leão e seu cordeiro puderem sentar-se livremente e sem medo, lado a lado.

Seja um amigo verdadeiro

A amizade lhe tem sido uma fonte de grande sofrimento. Tamanho era o seu desejo de ter uma amizade, que você muitas vezes se perdeu, na busca de um amigo verdadeiro. Muitas vezes entrou em desespero quando uma amizade pela qual você ansiava não se concretizou, ou quando uma amizade em relação à qual você tinha uma alta expectativa não durou muito.

Várias de suas amizades nasceram da sua necessidade de afeto, de afirmação e apoio emocional. Porém, agora você precisa buscar amigos com os quais você possa se relacionar a partir do seu centro, do lugar onde você sabe que é profundamente amado. Quando você se aceita como um ser profundamente amado, a possibilidade de uma amizade torna-se cada vez mais real. Você pode, então, estar com as outras pessoas de uma maneira não possessiva. Amigos verdadeiros encontram uma conexão íntima quando ambos conhecem o amor de Deus. Quando isso acontece, um espírito se comunica com outro, um coração se comunica com outro.

Amizades verdadeiras são duradouras porque o amor verdadeiro é eterno. Uma amizade na qual um coração fala com outro é um presente de Deus, e não há presente de Deus que seja temporário ou eventual. Tudo o que vem de Deus é parte da vida eterna de Deus. O amor entre as pessoas, quando se origina de Deus, é mais forte do que a morte. Nesse sentido, as amizades verdadeiras continuam existindo além dos limites da morte. Se você amou profundamente, este amor poderá ficar ainda mais forte após a morte da pessoa que você ama. Esta é a mensagem essencial de Jesus.

Quando Jesus morreu, a amizade entre Ele e seus discípulos não diminuiu. Pelo contrário, cresceu. É este o significado do envio do Espírito. O Espírito de Jesus eternizou a amizade entre Ele e seus discípulos, ela tornou-se mais sólida e mais íntima do que era antes de sua morte. Foi esta a experiência de Paulo quando afirmou: "Não sou eu quem vive, mas Cristo é quem vive em mim" (Gl 2,20).

Você precisa confiar que nenhuma amizade verdadeira termina, que há uma comunhão de santos entre todos aqueles, vivos e mortos, que realmente amaram a Deus e uns aos outros. A partir de sua experiência, você sabe o quanto isso é verdadeiro. Aqueles que amaram profundamente e que já morreram seguem vivendo em você, não apenas em lembranças, mas como presenças reais.

Tenha a coragem de amar e de ser um amigo verdadeiro. O amor que você dá e recebe é uma realidade que o levará cada vez mais perto de Deus, e também perto daqueles que Deus lhe enviou para serem amados.

Confie em seus amigos

Você continua buscando provas de amizade, mas, ao fazer isso, prejudica a si mesmo. Quando der algo a seus amigos, não espere receber alguma reação palpável, um "obrigado". Se você realmente acredita que é amado por Deus, poderá dar a seus amigos a liberdade de retribuir ao seu amor ao modo *deles*. Eles têm uma história própria, suas próprias personalidades, e suas maneiras próprias de receber amor. Talvez sejam mais lentos, mais hesitantes ou mais cautelosos que você. Talvez queiram estar ao seu lado de um modo que para eles é verdadeiro e autêntico, mas que lhe parece incomum. Confie que as pessoas que o amam desejam lhe mostrar o amor delas de um modo verdadeiro, mesmo que as escolhas delas em relação ao tempo, ao lugar e à maneira de fazê-lo sejam diferentes das suas.

Grande parte da capacidade de confiar em seus amigos depende de sua crença em sua própria bondade. Quando der um presente a alguém, por livre e espontânea vontade, não se preocupe com suas motivações. Não diga a si mesmo: "Talvez eu esteja dando este presente para receber algo em troca. Talvez esteja dando este presente para forçar um amigo a ter uma proximidade que ele não deseja". Confie em sua intuição.

Permita a seus amigos a liberdade de corresponder da maneira que eles quiserem e puderem. Permita-lhes receber com a mesma liberdade que você quis dar. Assim, você será capaz de sentir uma verdadeira gratidão.

Controle sua própria ponte levadiça

Você precisa decidir quando e para quem você permite o acesso à sua vida interior. Há muito tempo você tem permitido que os outros entrem e saiam de sua vida conforme as necessidades e os desejos *deles*. Portanto, deixou de ser o mestre em sua própria casa, e sentiu-se cada vez mais usado. Também, muito rapidamente, começou a se sentir cansado, irritado, zangado e ressentido.

Imagine um castelo medieval cercado por um fosso. O único acesso ao interior do castelo se dá por meio de uma ponte levadiça. Cabe ao senhor do castelo o poder de decidir quando erguer a ponte, e quando abaixá-la. Sem tal poder, ele poderá tornar-se vítima de inimigos, estranhos e gente que perambula sem destino. Jamais conseguirá ficar em paz em seu próprio castelo.

É importante que você mantenha o controle sobre a sua ponte levadiça. Deve haver momentos em que você mantém a ponte erguida, tendo a chance de estar sozinho, ou somente ao lado das pessoas com as quais tem intimidade. Nunca se permita tornar-se uma propriedade pública, onde qualquer um possa entrar e de onde possa sair quando bem entender. Talvez você julgue que está sendo generoso ao permitir acesso a qualquer pessoa que deseje entrar ou sair, mas com isso logo você começará a perder sua alma.

Quando você assumir o poder sobre sua ponte levadiça, descobrirá uma nova alegria e paz em seu coração, e se sentirá capaz de compartilhar esta alegria e esta paz com as pessoas.

Evite todas as formas de autorrejeição

Você deve evitar o hábito de culpar os outros, mas não apenas: deve evitar culpar a si mesmo. Você tem a tendência de culpar a si mesmo pelas dificuldades que enfrenta nos relacionamentos. Porém, culpar a si mesmo não é um tipo de humildade. Trata-se de uma espécie de autorrejeição, na qual você ignora ou nega sua própria bondade e beleza.

Se uma amizade não der frutos, se suas palavras não forem bem recebidas, se um gesto amoroso seu não for reconhecido, não se culpe. Fazer isso, além de não ser verdadeiro, é prejudicial. A cada vez que rejeita a si mesmo, você idealiza os outros. Você deseja estar ao lado daqueles que considera melhores, mais fortes, mais inteligentes e mais talentosos do que você. Com isso, cria uma dependência emocional, fazendo com que os outros se sintam incapazes de corresponder às suas expectativas e com que eles se distanciem de você. Isso fará com que você se culpe ainda mais, e assim você entra numa perigosa espiral de autorrejeição e de carência.

Evite todas as formas de autorrejeição. Reconheça suas limitações, mas reafirme seus talentos únicos e viva, assim, como um igual dentre iguais. Isso o libertará das suas necessidades obsessivas e possessivas, e lhe permitirá oferecer e receber amizade e afeto verdadeiros.

Carregue sua própria cruz

A sua dor é profunda, e não vai desaparecer de uma hora para outra. Ela também é exclusivamente sua, pois está associada a algumas das suas primeiras experiências da infância.

Você está sendo chamado para trazer esta dor de volta para casa. Enquanto sua parte ferida permanecer estranha ao seu *self* adulto, sua dor continuará ferindo você, e também os outros. Sim, você precisa incorporar sua dor ao seu *self*, e permitir a ela que dê frutos dentro do seu coração e no coração das demais pessoas.

É isso que Jesus quis dizer quando lhe pede para carregar sua própria cruz. Ele o estimula a reconhecer e acolher seu sofrimento singular, e confiar que o seu caminho rumo à salvação está dentro de você. Carregar sua própria cruz significa, acima de tudo, tornar-se amigo das suas feridas, e permitir que elas lhe revelem a sua própria verdade.

Há muita dor e sofrimento no mundo. Mas a dor mais intensa a ser tolerada é a sua. Uma vez que tiver carregado esta cruz, você será capaz de ver com clareza as cruzes que os outros têm de carregar, e capaz de lhes mostrar os caminhos que eles mesmos podem trilhar rumo à alegria, à paz e à liberdade.

Mantenha a confiança no chamado de Deus

Quando você perceber que Deus lhe faz um chamado para que cultive uma maior reclusão, não tenha medo deste convite. Com o passar do tempo, você se permitiu ser controlado por vozes que o chamam para a ação e a ter uma grande visibilidade. Contrariando sua profunda intuição, você ainda acredita que precisa fazer coisas e ser visto, para poder seguir sua vocação. Porém, você agora está descobrindo aquela voz de Deus que lhe diz: "Fique em casa, e confie que sua vida lhe dará frutos, mesmo quando estiver em reclusão".

Não será fácil ouvir o chamado de Deus. Sua insegurança, sua falta de autoconfiança e sua enorme necessidade de afirmação fazem com que você perca a confiança em sua voz interior e fuja de si mesmo. Porém, você sabe que Deus fala com você por meio da sua voz interior, e que você só conseguirá encontrar alegria e paz se puder segui-la. Sim, o seu espírito está disposto a segui-la, mas sua carne é fraca.

Você tem amigos que sabem que sua voz interior diz a verdade, e que podem comprovar o que ela diz. Eles lhe oferecem um lugar seguro onde você poderá permitir a esta voz tornar-se cada vez mais clara e mais audível. Algumas pessoas lhe dirão que você está desperdiçando seu tempo e seus talentos, que está fugindo de sua verdadeira responsabilidade, que não está usando a influência que é capaz de exercer. Mas não se deixe enganar. Elas não estão falando em nome de Deus. Confie nas poucas pessoas que conhecem a sua viagem interior e desejam que você seja fiel a ela. Elas o ajudarão a manter-se fiel ao chamado de Deus.

Chame para si a vitória

Você ainda tem medo de morrer. Tal medo está associado ao medo de não ser amado. Suas perguntas: "Você me ama?" e "Eu preciso morrer?" estão intimamente ligadas. Você fazia estas perguntas em sua infância, e ainda as faz.

Quando você souber que é amado de modo pleno e incondicional, também saberá que não precisa ter medo da morte. O amor é mais forte do que a morte; o amor de Deus por você já existia antes de você nascer, e continuará a existir após sua morte.

Jesus tem chamado você desde a sua união ao útero de sua mãe. Receber e dar amor fazem parte da sua vocação. Porém, desde o início você tem sido vítima das forças da morte. Elas o atacaram durante todos os seus anos de formação. Você tem sido fiel à sua vocação, embora tenha frequentemente sido dominado pela escuridão. Você agora sabe que, em última instância, as forças das trevas não terão poder sobre você. Elas podem parecer esmagadoras, mas a vitória já está garantida. Trata-se da vitória de Jesus, que o chamou. Por você, Ele superou o poder da morte, a fim de que você pudesse viver em liberdade.

Você precisa chamar para si esta vitória, e deixar de viver como se ainda fosse controlado pela morte. Sua alma conhece esta vitória, mas sua mente e suas emoções ainda não a aceitaram plenamente. Elas continuam resistindo. Nesse sentido, você continua sendo uma pessoa de pouca fé. Confie na vitória e permita que sua mente e suas emoções sejam, pouco a pouco, convertidas à verdade. Você passará a sentir uma nova alegria e uma nova paz, ao permitir que esta verdade alcance cada recanto de seu ser. Não se esqueça: a vitória já está garantida, as forças das trevas deixaram de governar, o amor é mais forte do que a morte.

Enfrente o inimigo

À medida que você perceber com maior clareza que sua vocação é ser testemunha do amor de Deus neste mundo, e à medida que aumenta sua determinação de viver esta vocação, os ataques do inimigo crescerão. Você ouvirá vozes dizendo: "Você não vale nada, não tem nada a oferecer, não é atraente, você é uma pessoa desagradável, antipática". Quanto mais atento estiver ao chamado de Deus, mais facilmente você descobrirá em sua própria alma a batalha cósmica entre Deus e o demônio. Não tenha medo. Aprofunde sua convicção de que o amor de Deus por você é o suficiente, que você está em mãos seguras, e que está sendo guiado em cada passo do seu caminho. Não fique surpreso com os ataques do demônio. Eles crescerão, mas à medida que os enfrentar sem medo, você se dará conta de que eles são impotentes.

O que importa é que você se mantenha fiel ao verdadeiro, duradouro e inequívoco amor de Jesus. Sempre que duvidar deste amor, volte para sua casa espiritual interna, e ali ouça à voz do amor. Somente quando souber, no mais profundo do seu ser, que é intimamente amado, você poderá enfrentar as vozes sombrias do inimigo, sem ser seduzido por elas.

O amor de Jesus lhe dará uma visão cada vez mais clara do seu chamado, bem como das inúmeras tentativas de desviá-lo deste chamado. Quanto mais você for chamado para falar em nome do amor de Deus, mais terá necessidade de aprofundar o conhecimento deste amor em seu próprio coração. Quanto mais longe a viagem exterior o levar, maior terá de ser a profundidade de viagem interior. Seus frutos só podem ser abundantes se as raízes forem profundas. O inimigo está lá, esperando para destruí-lo; mas você pode enfrentar o inimigo sem medo quando sabe que está sendo acolhido com segurança no amor de Jesus.

Continue em busca da comunhão

Desde que você nasceu, um anseio pela comunhão o acompanha. A dor da separação, que você sentiu quando criança, e continua sentindo, lhe revela este grande anseio. Desde que nasceu, você tem buscado uma comunhão que possa eliminar seu medo da morte. Este desejo é sincero. Não o encare como uma expressão da sua carência, ou como sintoma da sua neurose. Ele tem origem em Deus e é parte de sua verdadeira vocação.

Entretanto, seu medo de ser abandonado e rejeitado é intenso a tal ponto que sua busca pela comunhão muitas vezes é substituída pelo anseio de receber expressões tangíveis de amizade ou de afeto. Você deseja uma comunhão profunda, mas continua à espera de convites, cartas, telefonemas, presentes, e gestos semelhantes a estes. Quando estes não surgem da maneira como gostaria, você começa a desconfiar até mesmo de seu desejo profundo pela comunhão. Sua busca pela comunhão costuma ocorrer em lugares muito distantes de onde a verdadeira comunhão pode ser encontrada.

Mesmo assim, a comunhão é o seu desejo autêntico, e ele será atendido. Porém, você deve ter a coragem de parar de buscar presentes e favores como se fosse uma criança insolente, e confiar que o seu anseio mais profundo será realizado. Tenha a coragem de perder sua vida, e você a encontrará. Confie nas palavras de Jesus: "Ninguém que tenha deixado casa, irmãos, irmãs, mãe, pai, filhos e campos, por causa de mim e do Evangelho, deixará de receber cem vezes mais já no tempo presente casas, irmãos, irmãs, mães, filhos e campos, e com eles perseguição; e, no futuro, a vida eterna" (Mc 10,29-30).

Faça a distinção entre as dores falsas e a dor verdadeira

Existe uma dor verdadeira em seu coração, uma dor que realmente lhe pertence. Você já sabe que não é capaz de evitar, ignorar ou reprimir esta dor. É ela que lhe revela de que modo você está sendo chamado a viver em solidariedade com a debilitada raça humana.

É preciso, porém, que você faça uma cuidadosa distinção entre a sua dor e as dores que se conectaram a ela, mas que na verdade não são suas. Quando você se sente rejeitado, quando olha para si mesmo como fracassado e desajustado, precisa ter cautela para não permitir que estes sentimentos e pensamentos penetrem o seu coração. Você não é um fracassado, tampouco um desajustado. Portanto, deve renegar tais dores, por serem falsas. Elas podem paralisá-lo e impedi-lo de amar da maneira que você está sendo chamado a amar.

Seguir distinguindo a dor verdadeira das dores falsas implica um grande esforço. Porém, à medida que você se empenhar em fazer tal distinção, começará a enxergar com clareza cada vez maior o seu singular chamado ao amor. Quando você perceber este chamado, será cada vez mais capaz de assumir sua dor verdadeira como o único caminho na direção da glória.

Diga repetidas vezes: "Senhor, tenha piedade"

Você se pergunta o que fazer quando se sente atacado por todos os lados por forças aparentemente irresistíveis, ondas gigantes que o deixam sem chão. Às vezes, estas ondas equivalem ao sentimento de ser rejeitado, esquecido e mal compreendido. Em outras vezes, consistem em raiva, em ressentimento, ou até mesmo no desejo de vingança, ou mesmo de autopiedade e autorrejeição. Tais ondas fazem com que você se sinta como uma criança indefesa, abandonada pelos pais.

O que você deve fazer? De modo consciente, mude o foco de atenção do seu coração aflito: em vez de centrar o foco nas ondas, direcione-o Àquele que caminha sobre elas e diz: "Sou eu. Não tenha medo" (Mt 14,27; Mc 6,50; Jo 6,20). Continue olhando na direção dele e diga: "Senhor, tenha piedade". Repita esta frase várias vezes, sem ansiedade, mas confiando que ele está muito perto de você, e que trará paz à sua alma.

Permita que Deus fale através de você

Em repetidas ocasiões, você se vê diante da escolha de deixar que Deus fale, ou permitir que o seu *self* ferido se expresse. Embora seja necessária a existência de um lugar em que seu lado ferido possa receber a atenção de que necessita, a sua vocação é falar a partir do lugar dentro de você onde Deus habita.

Quando você permite que seu *self* ferido se expresse, por meio de pedidos de desculpa, discussões ou queixas – por meio dos quais ele não conseguirá, de fato, ser escutado –, você só ficará frustrado e se sentirá cada vez mais rejeitado. Reafirme o Deus que habita em você, e permita que Deus se expresse com palavras de perdão, cura e reconciliação, palavras que invoquem obediência, um compromisso radical e o serviço.

As pessoas buscarão, o tempo todo, a atenção do seu *self* ferido. Elas lhe mostrarão suas necessidades, os defeitos da sua personalidade, suas limitações e seus pecados. É assim que elas tentam renegar aquilo que Deus está lhes dizendo, por intermédio de você. A tentação a que você está sujeito – e que nasce de um grande sentimento de insegurança e dúvida – é começar a acreditar na maneira como elas o definem. Porém, você foi chamado por Deus para difundir a Palavra ao mundo, e fazê-lo sem medo. Mesmo reconhecendo suas feridas, não se desconecte da verdade que mora em você, e que pede para ser verbalizada.

Levará muito tempo e muita paciência para que você consiga distinguir entre a voz de seu *self* ferido e a voz de Deus, mas à medida que você estiver cada vez mais fiel à sua vocação, isso ficará mais fácil. Não se desespere; você está sendo preparado para uma missão difícil, mas que dará muitos frutos.

Saiba que você é bem-vindo

Sentir que você não é bem-vindo é o maior dos seus medos. Ele está associado ao seu medo primordial – o medo de não se sentir bem-vindo a esta vida – e ao seu medo da morte, o medo de não se sentir bem-vindo na próxima vida. Trata-se do medo mais arraigado: o de que teria sido melhor se você não tivesse vivido.

Você está, aqui, bem no centro da sua batalha espiritual. Está disposto a render-se às forças das trevas, que dizem que você não é bem-vindo a esta vida, ou você é capaz de confiar na voz d'Aquele que veio não para condenar você, mas para libertá-lo do seu medo? É preciso que você escolha a vida. A cada momento que passa, é preciso que você opte por confiar na voz que diz, "Eu formei o íntimo de teu ser. Eu te teci no ventre de tua mãe" (Sl 139,13).

Tudo o que Jesus está lhe dizendo pode ser resumido na frase "Saiba que você é bem-vindo". Jesus lhe oferece a vida mais íntima dele com o Pai. Ele quer que você saiba tudo o que Ele sabe, que faça tudo o que Ele faz. Ele deseja que a casa dele seja sua. Sim, Ele deseja preparar um lugar para você na casa do Pai.

Lembre-se sempre de que a sua sensação de não ser bem-vindo não tem origem em Deus, e não é verdadeira. O Príncipe das Trevas quer que você acredite que a sua vida é um equívoco, e que não há um lar reservado a você. Porém, a cada vez que se permite ser afetado por estes pensamentos, você se coloca no caminho na autodestruição. Portanto, é preciso que você continue desmascarando a mentira, e que pense, fale e aja em conformidade com a verdade de que você é muito, muito bem-vindo.

Deixe que sua dor torne-se a dor

Por mais profunda que seja a sua dor, ela está associada a circunstâncias específicas. Você não sofre de maneira abstrata. Você sofre porque alguém o magoou num momento específico, e num lugar específico. O seu sentimento de rejeição, de abandono e de inutilidade está enraizado nas situações mais palpáveis do cotidiano. Nesse sentido, cada sofrimento é único. Isso é particularmente verdadeiro no caso do sofrimento de Jesus. Seus discípulos o deixaram, Pilatos o condenou, os soldados romanos o torturaram e o crucificaram.

Mesmo assim, enquanto você continuar ligado às situações específicas, será incapaz de compreender o pleno significado da sua dor. Continuará iludindo a si mesmo na crença de que se as pessoas, as circunstâncias e os eventos tivessem sido diferentes, sua dor não existiria. Em parte, isso pode ser verdade, mas a verdade mais profunda é que a situação que fez a sua dor emergir foi apenas o modo pelo qual você entrou em contato com a condição humana do sofrimento. A sua dor é o modo concreto pelo qual você participa da dor da humanidade.

De modo paradoxal, portanto, a cura implica em você se deslocar, da *sua* dor rumo *à* dor. Quando você mantém o foco nas circunstâncias específicas da sua dor, torna-se uma pessoa zangada, ressentida, e até mesmo vingativa. Você se sente inclinado a fazer algo em relação à superfície externa da sua dor, para amenizá-la; isso explica o porquê de você estar sempre buscando vingança. Porém, a verdadeira cura nasce da percepção de que a sua dor particular é um fragmento da dor da humanidade. Esta percepção lhe permite perdoar seus inimigos, e começar a viver uma vida realmente compassiva. Este é o caminho de Jesus, que na cruz orou: "Pai, perdoai-os, eles não sabem o que fazem" (Lc 23,34). O sofrimento de Jesus, por mais concreto que tenha sido, foi o sofrimento de toda a humanidade. A dor *Dele* era *a* dor.

Sempre que você consegue desviar o foco da sua atenção, da situação externa que provocou sua dor, para a dor da humanidade da qual você faz parte, seu sofrimento fica mais fácil de suportar. Ele se transforma numa "carga leve" e num "jugo suave" (Mt 11,30). Assim que você descobre que está sendo chamado a viver em solidariedade com os famintos, os desabrigados, os prisioneiros, os refugiados, os enfermos e as pessoas à beira da morte, a sua dor pessoal começa a se converter na dor, e você então passa a encontrar renovadas forças para vivê-la. É nisso que reside a esperança de todos os cristãos.

Entregue seus planos a Deus

Você tem a grande preocupação de fazer as escolhas certas em relação ao trabalho. Depara-se com inúmeras opções, e sente-se atordoado pelas perguntas "O que devo fazer?" e "O que não devo fazer?". Há muitas necessidades concretas às quais você precisa atender. Visitar algumas pessoas, acolher outras, ou simplesmente ter de conviver com determinadas pessoas. Há questões que exigem sua atenção, livros que lhe parecem importantes, e obras de arte que merecem ser apreciadas. Porém, em meio a isso tudo, o que realmente merece o tempo que você gasta?

Não permita que estas pessoas e estas questões tomem posse de você. Enquanto acreditar que precisa delas para ser você mesmo, não será realmente livre. Muito da urgência destas pessoas é decorrência de sua própria necessidade de ser aceito e reconhecido por elas. É preciso que você continue voltando para a fonte: o amor de Deus por você.

Em muitos aspectos, sua intenção ainda é estabelecer seus próprios planos. Você age como se tivesse de escolher dentre muitas coisas, e todas elas lhe parecem igualmente importantes. Mas você ainda não se rendeu completamente à orientação determinada por Deus. Você segue lutando com Deus para saber quem está no controle.

Tente entregar seus planos a Deus. Continue dizendo "Seja feita a sua vontade, não a minha". Dê a Deus cada pedacinho de seu coração e do seu tempo, e permita que Ele lhe diga o que fazer, aonde ir, quando e como reagir. Deus não quer que você se destrua. Cansaço extremo, depressão e fadiga são sinais de que você não está cumprindo a vontade de Deus. Deus é gentil e amoroso. Ele deseja lhe dar uma profunda sensação de segurança no amor de Deus. Assim que você tiver se permitido a viver plenamente a experiência deste amor, será mais capaz de distinguir as pessoas em cuja direção você está sendo enviado, em nome de Deus.

Não é fácil delegar a Deus o controle dos seus planos. Porém, quanto mais você fizer isso, mais o tempo cronológico se transformará no "tempo de Deus", e o tempo de Deus é sempre a plenitude do tempo.

Permita que os outros o ajudem a morrer

Você tem muito medo de morrer sozinho. As enraizadas lembranças que você tem do medo que marcou o seu nascimento o fazem suspeitar que sua morte também será marcada pelo medo. Você deseja ter certeza de que não se agarrará a esta existência, e que terá a liberdade interior de abandonar-se e confiar que algo novo lhe será dado. Sabe que somente alguém que realmente o ama pode ajudá-lo a criar um elo entre esta vida e a próxima.

Porém, talvez a morte que você teme não seja simplesmente a morte que acontecerá no fim de sua vida atual. Talvez a morte no fim de sua vida não esteja tão marcada pelo medo se você for capaz de morrer bem, e agora. Sim, a verdadeira morte – a passagem do tempo para a eternidade, da beleza transitória deste mundo à beleza permanente do próximo mundo, da escuridão à luz – tem de acontecer agora. E você não precisa passar por ela sozinho.

Deus lhe enviou pessoas que deverão estar muito perto de você, à medida que, aos poucos, você for deixando este mundo que o aprisiona. É preciso que você tenha plena confiança no amor delas. Assim, jamais se sentirá totalmente só. Embora ninguém possa fazer isso por você, você poderá fazer a passagem solitária sabendo que está cercado de um amor seguro, e que as pessoas que permitem que você se afaste delas estarão lá, do outro lado, prontas para recebê-lo. Quanto mais você confiar no amor das pessoas que Deus lhe enviou, maior será a sua capacidade de perder sua vida e, com isso, ganhá-la.

Sucesso, fama, afeto, planos para o futuro, entretenimento, um trabalho satisfatório, saúde, estímulo intelectual, apoio emocional – sim, até mesmo o progresso espiritual – a nada disso você poderá se agarrar como se fossem coisas essenciais para a sobrevivência. Somente quando você é capaz de abandoná-los, você descobre a verdadeira liberdade, que seu coração tanto deseja. Isso sim é morrer: passar para a vida que está além da vida. É preciso que você faça esta passagem agora, não apenas no final da sua vida terrena. Você não é capaz de fazer isso sozinho, mas, com o amor das pessoas que estão sendo enviadas em sua direção, você pode abandonar o medo e permitir-se ser guiado rumo ao novo mundo.

Viva intensamente as suas feridas

Você tem sido ferido de variadas maneiras. Quanto mais aberto à cura você estiver, mais descobrirá sobre a profundidade das suas feridas. Você se sentirá tentado a desanimar, pois sob cada ferida que desvendar, encontrará outras. Sua busca pela verdadeira cura será uma busca pelo sofrimento. Você ainda terá de verter muitas lágrimas.

Mas não tenha medo. O simples fato de que você tem maior consciência em relação a suas feridas já mostra que você tem a força suficiente para enfrentá-las.

Seu grande desafio é *viver intensamente* as suas feridas, em vez de *refletir e ponderar* sobre elas. Chorar é melhor do que preocupar-se, é melhor sentir profundamente suas feridas do que compreendê-las, é melhor permitir que elas penetrem em seu silêncio do que falar a respeito delas. A escolha com que você se depara o tempo todo é: você está levando estas feridas para a cabeça – o nível mental – ou para o nível do coração? Na mente, você pode analisá-las, encontrar suas causas e consequências, e inventar palavras para falar e escrever a respeito. Porém, é improvável que a cura definitiva provenha desta fonte. É preciso que você deixe suas feridas descer até seu coração. Você poderá, então, vivê-las intensamente e constatar que elas não o destruirão. Seu coração é maior do que suas feridas.

A compreensão das feridas pode ser curativa somente quando tal compreensão é colocada a serviço do coração. Descer até o nível do coração com suas feridas não é fácil; isso requer de você o abandono de várias perguntas. Você quer saber: "Por que eu fui ferido? Quando? Como? Por quem?". Você acredita que as respostas a estas perguntas lhe trarão alívio. Porém, na melhor das hipóteses, elas vão lhe proporcionar um pouco de distância da sua dor. É preciso que você abandone a necessidade de controlar sua dor, e confiar no poder curativo do seu coração. Nele, as suas feridas serão acolhidas em um lugar seguro, e uma vez que tiverem sido acolhidas, perderão seu poder de causar danos, e tornar-se solo fértil para uma vida nova.

Imagine que cada ferida é uma criança que foi magoada por um amigo. Enquanto esta criança estiver estrilando e esbravejando, tentando vingar-se de seu amigo, uma ferida levará à outra. Porém, quando a criança consegue receber o abraço reconfortante do seu pai ou da sua mãe, ela poderá tolerar sua dor, aproximar-se do seu amigo, perdoá-lo, e construir um novo relacionamento. Seja gentil consigo mesmo, e deixe que seu coração seja o seu pai amoroso, enquanto você vive intensamente as suas feridas.

Por enquanto, esconda o seu tesouro

Você encontrou um tesouro: o tesouro do amor de Deus. Você já sabe onde ele se encontra, mas ainda não está pronto para ter a plena posse dele. Muitos apegos ainda o mantêm afastado dele. Se deseja ter plena posse do seu tesouro, você deve escondê-lo no terreno onde o encontrou, partir com alegria a fim de vender todas as suas posses, e então retornar para comprar o terreno.

Você pode se sentir realmente feliz por ter encontrado o tesouro. Mas não deve ser ingênuo a ponto de pensar que já o possui. Somente quando tiver abandonado todo o restante é que o tesouro será completamente seu. Ter encontrado o tesouro coloca você numa nova busca por ele. A vida espiritual é uma longa – e em geral árdua – busca por aquilo que você já encontrou. Você só é capaz de buscar Deus quando já encontrou Deus. O desejo de obter o amor incondicional de Deus é o fruto de ter sido tocado por este amor.

O fato de ter encontrado o tesouro significa apenas o início da busca; portanto, você deve ter cuidado. Se expuser o tesouro para os outros sem que tenha a plena posse dele, poderá causar danos a si mesmo, e até mesmo perder o tesouro. Um amor recém-encontrado precisa ser alimentado num lugar silencioso e reservado. A excessiva exposição o destruirá. É por isso que você deve esconder o tesouro e gastar sua energia vendendo suas posses, de modo que possa comprar o terreno onde escondeu o tesouro.

Este costuma ser um empreendimento doloroso, pois a percepção que você tem de si mesmo está intimamente conectada às coisas que possui: sucesso, amigos, prestígio, dinheiro, títulos acadêmicos, e assim por diante. Porém, você sabe que nada além do próprio tesouro poderá satisfazê-lo. Encontrar o tesouro sem antes estar pronto para ter a plena posse dele fará com que você se sinta inquieto. Esta é a inquietação da busca por Deus. Trata-se do caminho para a santidade. É a estrada rumo ao reino. É a viagem rumo ao lugar onde você poderá descansar.

Continue escolhendo Deus

Você se depara com escolhas, o tempo todo. A questão é saber se suas escolhas são feitas para Deus ou para o seu próprio e desconfiado *self*. Você sabe qual é a escolha certa, mas suas emoções, paixões e sentimentos continuam aconselhando você a optar pelo caminho da autorrejeição.

A verdadeira escolha está em confiar que Deus está com você em todos os momentos, e lhe dará aquilo de que você mais precisa. O seu sentimento de autorrejeição talvez lhe diga: "Não vai dar certo. Estou sofrendo com a mesma angústia que sentia seis meses atrás. É bem provável que eu recaia no velho padrão depressivo, de agir e reagir. Eu não mudei de verdade". E seguirá lhe dizendo estas coisas, *ad infinitum*. É difícil deixar de dar ouvidos a esta voz. Mesmo assim, você sabe que esta não é a voz de Deus. Deus lhe diz, "Eu amo você, estou com você, quero que você se aproxime de mim, e viva a experiência da alegria e da paz da minha presença. Quero lhe dar um novo coração e um novo espírito. Quero que você fale com minha boca, que veja com meus olhos, que ouça com meus ouvidos, que possa tocar com minhas mãos. Tudo o que é meu é seu. Simplesmente confie em mim, e permita que eu seja o seu Deus".

Esta é a voz a ser ouvida. E esta escuta requer de você uma escolha verdadeira, não apenas de vez em quando, mas a cada momento, a cada dia e a cada noite. É você quem decide o que pensar, dizer e fazer. Você pode achar que está deprimido, pode convencer a si mesmo de que sua autoestima é baixa, pode agir de um modo que revela a autorrejeição. Porém, sempre terá a escolha de pensar, falar e agir em nome de Deus e, portanto, movimentar-se na direção da Luz, da Verdade, e da Vida.

À medida que encerra este período de renovação espiritual, você se depara com uma nova escolha. Poderá optar por lembrar deste período como uma tentativa fracassada de renascer completamente, ou optar por lembrar dele como uma época preciosa, em que Deus deu início a novas coisas dentro de você, que precisam ser completadas. O seu futuro depende do modo como você decide lembrar-se do seu passado. Escolha a verdade daquilo que você conhece. Ao continuar escolhendo Deus, suas emoções aos poucos começarão a abandonar seu jeito rebelde, e serão convertidas na verdade que está dentro de você.

Você está diante de uma verdadeira batalha espiritual. Mas não tenha medo. Você não está sozinho. As pessoas que o guiaram ao longo deste período não o abandonarão. As preces e o apoio delas vão acompanhá-lo onde você estiver. Mantenha-os perto de seu coração, de modo que eles possam lhe servir de guia, enquanto você faz as suas escolhas.

Lembre-se: você está em mãos seguras. Você é amado. Está protegido. Você está em comunhão com Deus e com aqueles que Deus lhe enviou. Aquilo que é de Deus permanecerá. Pertence à vida eterna. Escolha isso, e isso será seu.

Conclusão

O tempo que passei escrevendo estes imperativos espirituais me parece muito distante. A releitura que faço deles hoje, oito anos depois, me traz consciência sobre as mudanças radicais que atravessei. Passei da angústia à liberdade, da depressão à paz, do desespero à esperança. Certamente foi uma época de purificação para mim. O meu coração, que sempre questionou minha bondade e meu valor, passou a ancorar-se num amor mais profundo e, portanto, menos dependente dos elogios e críticas das pessoas ao meu redor. Ele também desenvolveu uma maior capacidade de dar amor sem ter sempre de esperar o amor como retribuição.

Nada disso aconteceu de repente. Na verdade, as semanas e os meses que se seguiram a meu exílio voluntário foram tão difíceis que comecei a me perguntar, no início, se algo havia realmente mudado. Em minha comunidade, eu tinha a sensação de estar pisando em ovos, sempre temendo ser pego novamente em minhas armadilhas emocionais. Porém, aos poucos, e de modo muito sutil, descobri que eu não era mais a pessoa que deixara a comunidade em estado de desespero. Descobri que isso acontecia não tanto em mim mesmo, mas nas pessoas que, em vez de se sentirem constrangidas por tudo que eu havia passado, me estimularam e confiaram em mim. Acima de tudo, encontrei uma autoconfiança renovada, por meio da progressiva renovação da amizade que desencadeou a minha angústia. Nunca ousei acreditar que esta amizade rompida poderia ser curada. Porém, à medida que segui assumindo a verdade da minha liberdade como filho de Deus, dotado de um amor abundante, minhas necessidades obsessivas foram desaparecendo, o que possibilitou uma verdadeira reciprocidade.

Isso tudo não quer dizer que estou livre de tensões ou conflitos, ou que momentos de desânimo, medo, raiva, ciúmes ou ressentimento estejam completamente ausentes em minha vida. Raro é o dia em que não há algumas nuvens negras pairando. Porém, hoje olho para estes dias pelo que eles são, sem mergulhar neles de cabeça!

Também aprendi a identificar rapidamente os primeiros sinais de escuridão, a não permitir que a tristeza se transforme em depressão, e tampouco deixar que a sensação de estar sendo rejeitado se transforme num sentimento de abandono. Até mesmo nesta amizade renovada e aprofundada, tenho a liberdade de identificar as pequenas nuvens cinzentas, e de pedir ajuda para conseguir deixá-las ir embora.

Aquilo que um dia me pareceu uma maldição se tornou uma bênção. O sentimento de intensa angústia que ameaçava destruir minha vida parece hoje o terreno fértil para uma confiança maior, uma esperança mais sólida e um amor mais profundo.

Não sou mais jovem. Mesmo assim, talvez eu ainda tenha alguns anos para viver. Conseguirei vivê-los em graça e em alegria, e aproveitando tudo o que aprendi em meu exílio? Certamente desejo isso. Ao longo dos meus meses de angústia, muitas vezes me perguntei se Deus era real, ou apenas um produto da minha imaginação. Hoje sei que, enquanto me sentia num estado de completo abandono, Deus não me deixou sozinho. Muitos amigos e familiares faleceram nos últimos oito anos, e minha própria morte não está tão distante. Porém, eu ouvi a voz interior do amor, mais profunda e mais forte do que nunca. Quero seguir confiando nesta voz e ser conduzido por ela para além dos limites de minha breve vida, neste espaço onde Deus é tudo dentro do Todo.

CULTURAL

Administração
Antropologia
Biografias
Comunicação
Dinâmicas e Jogos
Ecologia e Meio Ambiente
Educação e Pedagogia
Filosofia
História
Letras e Literatura
Obras de referência
Política
Psicologia
Saúde e Nutrição
Serviço Social e Trabalho
Sociologia

CATEQUÉTICO PASTORAL

Catequese
Geral
Crisma
Primeira Eucaristia

Pastoral
Geral
Sacramental
Familiar
Social
Ensino Religioso Escolar

TEOLÓGICO ESPIRITUAL

Biografias
Devocionários
Espiritualidade e Mística
Espiritualidade Mariana
Franciscanismo
Autoconhecimento
Liturgia
Obras de referência
Sagrada Escritura e Livros Apócrifos

Teologia
Bíblica
Histórica
Prática
Sistemática

REVISTAS

Concilium
Estudos Bíblicos
Grande Sinal
REB (Revista Eclesiástica Brasileira)

VOZES NOBILIS

Uma linha editorial especial, com importantes autores, alto valor agregado e qualidade superior.

VOZES DE BOLSO

Obras clássicas de Ciências Humanas em formato de bolso.

PRODUTOS SAZONAIS

Folhinha do Sagrado Coração de Jesus
Calendário de mesa do Sagrado Coração de Jesus
Agenda do Sagrado Coração de Jesus
Almanaque Santo Antônio
Agendinha
Diário Vozes
Meditações para o dia a dia
Encontro diário com Deus
Guia Litúrgico

CADASTRE-SE
www.vozes.com.br

EDITORA VOZES LTDA.
Rua Frei Luís, 100 – Centro – Cep 25689-900 – Petrópolis, RJ
Tel.: (24) 2233-9000 – Fax: (24) 2231-4676 – E-mail: vendas@vozes.com.br

UNIDADES NO BRASIL: Belo Horizonte, MG – Brasília, DF – Campinas, SP – Cuiabá, MT
Curitiba, PR – Fortaleza, CE – Goiânia, GO – Juiz de Fora, MG
Manaus, AM – Petrópolis, RJ – Porto Alegre, RS – Recife, PE – Rio de Janeiro, RJ
Salvador, BA – São Paulo, SP